毎日、うまくいく人の
意外な解決法

メンタリスト
DaiGo

三笠書房

意外な「解決法」——
あらゆる問題は
視点をちょっと変えるだけで、
意外なほど解決する！

メンタリスト DaiGo

はじめに

あなたの人生を変える「意外な方法」とは？

「同じことをやり続けながら、違う結果を望むこと。それは狂気のさたである」

そんな言葉を残したのは、かのアルベルト・アインシュタインだとされています。

つまり、彼はこう言っているのです。**現状と違う結果を望むなら、同じことをやり続けていてはいけない**。「いつものやり方」と違うことをしなければならない、と。

誰でも、知らず知らずのうちに「いつものやり方」が身についているのではないでしょうか。歯磨きにはじまり、時間の使い方、人とのつき合い方、仕事の仕方にも、自分なりのやり方があるでしょう。

それが効果的なのか、あるいは効果的でないのか、さして検証もしないまま、何年も、もしかしたら何十年も、自分なりの「いつものやり方」をやり続けているかもしれません。

でも、望む結果を得られていないとしたら、それは**「いつものやり方」が間違っている**のです。

そこで僕が提案するのは、多くの人がやりがちなことに**少しだけ違う視点を加えてみること**。もしもあなたが今の毎日を少しでも変えたいなら、「いつものやり方」（ときに考え方）を、ちょっとだけ変えてみてほしいのです。

視点を変えれば、これまで望む結果を得られていないことにも、「意外な解決法」が見えてきます。

ただし、それが「正解」かはわかりません。効果があるかどうかは、あなた自身で決めてください。

あなたの人生を変える考え方は、どっち？

お金が貯まりそうなのは、どっち？

ラクに生きられそうなのは、どっち？

自分の「いつものやり方」を思い浮かべながら、そんな観点でこの本を読み進めていくことをおすすめします。


本書には、多くの人が「当たり前」と思うような解決法もあえて紹介しています。

「自分にはすでに身についているな」と思う項目があれば、読み飛ばしていただいてかまいません。ですが、「知識としては知っているけれど、実行していない」というものがあったなら、ぜひ実行してほしいと思います。


「知っていてやらない」のは、僕に言わせれば**「知らないよりもあくどい行為」**です。

なぜだと思いますか？


知らなければ、その知識を得たときに実行する可能性があります。

でも、「知っているけれど、実行していない」ことは、すぐに実行しなかった時点で、その〝情報の価値〟を無意識下であなたが低く見積もったということです。**価値が低い、つまりやる価値がない。だから、実行しない**、ということが起きたのです。

百考《ひゃっこう》は一行《いっこう》に如《し》かず。実行しなければ何も変わりません。

順番はランダムでもいいので、本書で紹介する37の解決法をチェックリストのようにして一項目ずつこなしてみてください。

継続して実行することで、あなたの毎日、そして人生は、意外なほどに変わっていくはずです。

メンタリストＤａｉＧｏ

『毎日、うまくいく人の「意外な解決法」』◉もくじ

1章

最速で成功体質になる「意外な解決法」

運を高める法

2章 人として強くなる・成長する「意外な解決法」

「困ったこと」がなくなる法

挫折と無縁になる法

4章

つねに期待以上の結果が出る「意外な解決法」

5章 人間関係が毎日、うまくいく「意外な解決法」

6章
脳力を最高に高める「意外な解決法」

7章

お金が自然と貯まる「意外な解決法」

8章

メンタルを一気に強化する「意外な解決法」

●編集協力 有動敦胡
●進行協力 丹由美子
●本文ＤＴＰ 上野玲子・榊原惠次(mediawave)

1章

最速で成功体質になる「意外な解決法」

1

まずは「できる」と決断する。方法は後で考える

自信を育てる法

☑「できる」と確信できるまで行動しないのは愚か

「やってみたい」ことが見つかったとき。

私たちはまず、それが「できるかどうか」を頭の中で瞬時に考えます。

「できるかどうか」の判断材料は何かと言えば、自分の過去の経験です。**今までの成功した経験や失敗した経験をもとにして、実現可能かどうか**を考えます。そして「できる」と確信してから、ようやく行動に移そうとするのです。

でも、「できるかどうか」の答えがわからないと行動に移せないというのは、とて

も残念な考え方です。

どれくらい残念なのかを説明しましょう。

たとえば、あなたが山に登るとします。

その準備として、当日の天気や気温くらいは調べたりするでしょう。

ですが、頂上までの道幅は狭いのか、広いのか。道はどのくらい滑りやすいのか、滑りにくいのか。勾配は険しいのか、なだらかなのか……といったような、山に関するすべての情報を集めてから登ろうとするでしょうか？

たしかに、安全のためには情報を集めるべきです。でも、いざ山を登りはじめたら、**現場で判断することも多いもの**。

「すべての情報が集まってから山登りをしよう」なんて考えていたら、いつまで経っても、山のふもとに立つことすらできません。

それに、予想外の嬉しい出来事だってあるかもしれません。ガイドブックに載っていない休憩所を見つけたから、そこでお団子《だんご》を食べよう。眺めのよい穴場スポットを見つけたから休憩していこう……だから、山登りに対してワクワクしたり、楽しくなったりするのではないでしょうか？

これは、何事においても同じです。

過去の経験や情報をより集め、「できる」と確信するまで動けないのは、山に関するすべての情報を集めようとしているのと同じです。

いつまで経っても行動できませんし、ワクワクや楽しさ、挑戦しているという実感を得ることができません。そもそも未来に起こりうるすべての情報を集めることなど、到底無理なことなのですから。

☑「できる」と決断するから、「できる方法」が見えてくる

アメリカの第16代大統領、エイブラハム・リンカーンも、次のようなことを言っています。

「まずは、できると決断しなさい。方法は後から考えればいい」

リンカーンの言うとおり、「やってみたい」と思うことがあるなら、「できるかどうか」を考える前に、まず「できる」と決断する。実際に「どう実現するか」は、その後考えればいいのです。

では、誰が「できる」と決断するのか——それは、あなた自身です。

せっかく「やってみたい」ことが見つかっても、「できるかどうか」を考えてしまうと、できない理由ばかりが頭に浮かんできます。そもそもやったことがないのですから、できない理由ばかり浮かぶのは当然のことです。

人間は基本的に変化を嫌い、安定・安全を求める生き物です。現状をなるべく保とうとするので、新しい挑戦はしたくないと考えてしまうのです。

だから、まず「できる」と決断する。その後で**「どう実現するか」を考える。そうすると、今度はできる理由ばかりが見つかります**。

「できる」と決断する前には見えなかった、さまざまな可能性が見えてくるのです。それは決断した人にしか見えない景色です。

新しい挑戦は、うまくいかないことがあるかもしれません。でも、へこまないことが大切です。

挑戦したこと——その事実が大事で、意味があるのです。

1回目がダメでも、2回目にうまくいけばいいんです。2回目がダメでも、3回目にできればいいんです。挑戦したこと、その事実に価値があるのですから。

2 成功する人、しない人——この「66日間」で決まる

「いい習慣」が身につく法

☑努力が必要ない「小さな習慣」が「大きな成功」を生む

新しい習慣を確実に身につけるとき、あなたはどのような方法をとりますか？

たとえば、健康のために「週3回、スポーツジムに通う」習慣を身につけたい、と考えたとします。

ジムウエアやトレーニングシューズを購入し、「よっしゃ！　はじめるぞー」と意気込む人もいるでしょう。早速、スポーツジムに入会して、朝、昼、晩いつでも行けるコースを選んだりする人もいるかもしれません。そして、いざスポーツジムに行っ

た日は、ランニングマシンやバイクマシン、水泳、筋トレと、目についたメニューにとにかく挑戦したり……。

ところが、これこそ**最初の意気込みに反して、3日坊主で終わってしまう典型的なパターン**なのです。3日とは言わないまでも、しばらく定期的に通っていたものが、1カ月に1回になり、2カ月に1回になり、最後にはフェードアウトして挫折してしまう。

あなたも似たような経験をしたことがありませんか？

新しい習慣を身につけようとして挫折してしまうのは、けっして、あなたの努力が足りないからではありません。理由は、とても簡単です。

最初から「大きな習慣」にチャレンジしてしまうからです。

「大きな習慣」とは、自分にとってクライテリア（基準）の高い習慣のこと。実践し続けるうえでハードルの高い習慣、とも言い換えられます。

先の例で言えば、まったくスポーツジムに行く習慣がない人にとって、いきなり「週3回、スポーツジムに通う」のは、クライテリアの高い「大きな習慣」といえます。

ところが、私たちは、そもそもハードルが高いということに気づきもせず、ただひたすら努力してしまいます。高いハードルの下で無理して続ける努力は長続きせず、新しい習慣が身につく前に挫折してしまうのです。

私たちの脳は、ラクなことや慣れていることのように、すでに習慣化された行動や、ゆっくりとした変化を好みます。

世界屈指の名門校、デューク大学の研究によると「人生の45％は習慣化された行動で成り立っている」ことがわかっています。言い方を変えれば**脳は、急激な変化を嫌う**、ということ。この脳の仕組みこそ、私たちがすぐに新しい習慣を身につけられない原因だったのです。

自己成長について研究をしている作家、スティーヴン・ガイズ氏は、著書『小さな習慣』（ダイヤモンド社刊）の中で、小さすぎて失敗しようのないことからはじめるのがいいと述べています。

つまり、新しい習慣を身につけたいとき、最初にあなたがやるべきことは、**努力しなくてもできるくらいの「小さな習慣」を決める**ことです。

「小さな習慣」を苦もなくこなせるようになってきたら、無理のない程度に少しずつ習慣のハードルを上げていきます。そうして最終的に、本当に身につけたい「大きな習慣」にたどりつけばよいのです。

では、先の「週3回、スポーツジムに通う」という新しい習慣を身につけるためには、どんな「小さな習慣」からはじめるのが適切でしょうか。

最初は「週1回、30分だけスポーツジムの施設を使う」というレベルの習慣で十分です。あるいは「週1回、ジム併設のお風呂に入る」だけでもいいですし、「スタジオレッスンに申し込んで参加する」でもかまいません。それでも難しければ、さらにレベルを下げた「小さな習慣」からスタートすればよいのです。

「毎日10分、スクワットをする」が身につけたい習慣なら、「毎日1分、スクワットをする」という「小さな習慣」からはじめましょう。あるいは、毎日30秒、10秒でもかまいませんし、何なら「毎日1回、スクワットをする」くらいの、低いクライテリアからはじめるべきなのです。

これは、とくに**苦手な行動、気が進まない行動を習慣化するときにもっともパワーを発揮する方法**です。

私たちは、すでに習慣化されている行動に対しては、何の感情も持ちません。楽しくもないけれど、ツラくもないといった感じです。毎日の歯磨きを想像するとわかりやすいですね。

ある行動が習慣化されると、「嫌だな」「面倒くさいな」「ツライな」といった**マイナス感情が麻痺し、行動そのものへの抵抗がなくなってくる**のです。一度習慣が身につくと、どんなに疲れていても実行することが可能です。余談ですが、悪い習慣が身につくと、それを正すのは意外に難しいのでご注意を！

ただし、ここにも落とし穴があります。習慣化された行動には、良くも悪くも感情が湧かないので、飽きやすくなってしまうのです。

「週3回、スポーツジムに通う」という新しい習慣が、無事習慣化されたなら、今度は「週3回、スポーツジムに通う」ことが、飽きてしまわないように、少し変化を加えましょう。

たとえば、タイミングを見てジムウエアやトレーニングシューズを新調してみる。器具を使った運動だけでなく、水泳やヨガのレッスンに日替わりで出てみる。変化を取り入れることで、せっかく身についた習慣に飽きてしまうことを防げます。

☑人間はなぜ「66日間」で差がつくのか

さて、新しい習慣は、どのくらい時間をかければ自動化されると思いますか？

ロンドン大学の健康心理学研究者であるフィリッパ・ラリー氏らが２００９年に学術誌『European Journal of Social Psychology』に発表した、「習慣の自動化」についての研究があります。

それによると、新しい習慣が自動化されるには、**平均「66日間」その行動を続ける必要がある**のだそうです。

自動化というのは、ある環境や状況になったら、深く考えなくてもその行動がとれる状態のこと。「朝起きる」→「洗面所に行く」→「歯を磨く」といった具合です。

僕自身の体験で言うと、新しい習慣は、**2週間、つまり14日間を過ぎたあたりから、自分でコントロールできる**ようになってきます。「このままやり続けられるだろう」という感覚も強くなっていきます。

最初からクライテリアの高い習慣にチャレンジして、歯をくいしばって66日間頑張ることは、よほど強靭な意志がないとできません。
ですから、努力をせずに続けられる「小さな習慣」からはじめること。
そして、その「小さな習慣」を66日間とにかく続けること。
これが、新しい習慣を身につけるときのコツです。

3 成功法則は「あなたの頭の中」にある

「できない」がなくなる法

☑「頂点の席数」は決まっている。そこに座るにはどうする？

自分よりも成功している人に出会ったとき、私たち人間の反応は3タイプに分けられる、と言われています。

タイプ①「自分には無理だ。住む世界が違う」とあきらめる
タイプ②「成功している人のマネをしたら自分も成功できるはず」と安直に考える
タイプ③「成功している人のやり方はこれ。自分が成功するにはどうすればいいか」

と自分に置き換えて考える

さて、あなたはどのタイプですか？

1つずつ検証していきましょう。

まずは、タイプ①の「自分には無理だ。住む世界が違う」とあきらめる人。

残念ですが、そう思った瞬間に**あなたの脳は思考を停止してしまいます**。別の言い方をすると、頑張ること、チャレンジすることをやめてしまうのです。

もしかすると、すでにあきらめることがクセになっている人もいるかもしれません。そういった人は、これまでに「自分がどれだけ多くのことをあきらめてきたのか」を認識するところからはじめてください。

〝すぐにあきらめてしまう自分〟を認識せずに、一時的に希望や野心などを抱いても、あきらめの上に築いたモチベーションはけっして長く続かないからです。

次は、タイプ②の「成功している人のマネをしたら自分も成功できるはず」と安直に考える人。

これはネットビジネスや流行りのビジネスにハマる人にありがちなタイプです。マネすることは簡単です。だから、多くの人は「マネならできる」と思いますが、自分の頭で考えずに、マネするだけでは絶対にうまくいきません。そもそも成功した人のマネをするだけでうまくいくなら、誰も苦労はしないのです。

ピラミッドの頂点には、誰でも上がれるわけではありません。その席数は最初から決まっています。つまり成功した人のマネをして成功できる人などいないのです。

最後にタイプ③「成功している人のやり方はこれ。自分が成功するにはどうすればいいか」と自分に置き換えて考える人。

このカテゴリーに属する人は、成功した人のやり方をもとに、自分が成功できるスタイルを導き出します。自分の能力、財力、人脈、世の中の動きなどを頭に入れて、自分が成功するにはどうすればいいかを考えるわけです。

あきらめるのでもなく、安直にマネをするのでもなく、**「自分の頭で考える」**。この「自分の頭で考える」、これが大事なのです。

☑ 自分を知り、自分を活かす方法を、自分自身で考える

なぜ、自分の頭で考えると成功するのでしょうか？

答えは単純です。**あなたの能力を活かす方法はあなたの頭の中にしかない**からです。どんな本を読みあさっても、あなたのためだけに書かれた本はありません。どんな成功者の話を聞いても、あなたのためだけに語られた話はないのです。

本や成功者から学ぶのも貴重な経験です。ですが、すべて他人の経験をマネするのではなく「自分が成功するにはどうすればいいか」を「自分の頭」で考えてほしいのです。

あなたには、あなただけの、あなたの能力を活かす方法があります。それを手さぐりで探すのです。**あなただけの方法を見つけたら、もう無敵**です。

僕も、僕だけの、僕の能力を活かす方法を見つけることで、無敵状態を目指しています。だんだんと、そこに近づいているという実感もあります。

「自分には無理だ。住む世界が違う」と思考停止に陥ったら、あなたの成長は止まっ

てしまいます。

僕自身も、ときどき「あなたと私は住んでいる世界が違いますから」と言われることがあります。

でも、僕が住んでいる世界はもちろん、あなたと同じです。

ただ、あなたが仕事をしているときに僕は本を読んでいました。あなたが家に帰ってテレビを見ているときにも、僕は本を読んでいました。あなたが飲み会でハメをはずし、翌日グデッとつぶれているときにも、僕は本を読んでいました。

大学時代、キャンプに行ったことも、テニスの合宿に行ったこともなければ、サークルに所属したこともありませんでした。あなたがハッピーな人生を送っているときに、僕はひたすら本を読んでいたのです。

もしも、僕とあなたが違うとしたら、そんなことが違いを生んでいるのでしょう。

僕の母校である慶應義塾大学を設立した福沢諭吉先生は、著書『学問のすゝめ』にて「天は人の上に人を造らず、人の下に人を造らず」と説いています。生まれたときは、あなたの上にも下にも人はいないのです。

ただし、福沢先生は、次のように続けます。僕なりに現代文に訳すと、

「人の違いは生まれつきあるのでなく、学問に励んだのか、学問に励まなかったのかにある」。

人は、その後の**行動によって大きな違いが出てくる**のです。

ですから、「自分には無理だ。住む世界が違う」とあきらめるのではなく、成功している人を参考にしながら「自分が成功するにはどうすればいいか」をあなた自身の頭で考えてほしいなと思います。

4 現実は「考えたとおりになる」と考える

夢を実現させる法

☑ネガティブな要素は「ポジティブな言葉」で上書き

新しいことに挑戦するときは、誰だって不安になったり、失敗が怖くなったりします。そんな不安や恐怖から抜け出せないと、ついネガティブに考えてしまいます。

「どうせダメだよ」
「やっぱりうまくいかないんじゃないか」
「自分には無理なんじゃないかな」

ネガティブなことを考えると、あなたの**「言葉」もネガティブなもの**になります。

ネガティブな言葉を口にすると、今度はあなたの**「行動」がネガティブなもの**へと変わっていきます。

考え方も、言葉も、行動もネガティブになった結果、新しいことへの挑戦を断念してしまったりするのです。

この負のスパイラルに陥らないためにも、**ネガティブな考えが浮かんだら「でも」とつけ加え、ポジティブな言葉を続けてください**。すると、ネガティブな要素が、ポジティブな言葉で上書きされます。

たとえば、次のような具合です。

「失敗するのは怖いな。やりたくないな。不安だな」

ネガティブな考えが浮かんだら、すぐに**「でも」**と打ち消します。

「でも、これに挑戦すれば何か手に入るかもしれない」

ネガティブな考えをポジティブな言葉で打ち消すことを**「ネガティブ・キャンセル」**と言います。

「どうせダメだ」「うまくいかない」「自分には無理だ」……そんなネガティブな考えが浮かんだら、ポジティブな言葉で上書きしてしまえばよいのです。

「でも、やってみないとわからない」

「でも、やったら何か手に入るかもしれない」

ネガティブ・キャンセルであなた自身を、**ネガティブな言葉の呪縛から守る**ことができるのです。

☑世界で1億冊売れた本に書いてある「真実」

一番怖いのは、「ネガティブな思い込み」です。

たとえば、「自分は大事な局面でいつも失敗する」「失敗だけは絶対にしちゃいけない」――そんなふうに何度も何度も思い込むと、「失敗すること」に意識が集中していきます。

すると、脳は「失敗すること」こそが、あなたの目的であると解釈します。つまり、**「失敗すること」をあなたが望んでいる、と脳が勘違いしてしまう**のです。

そうすると今度は、脳があなたに「失敗すること」を叶えるような行動をとらせます。

思い込みがポジティブなものでも、ネガティブなものでも、脳にとっては関係ありません。人は誰でも、自分が思い込んだとおりに行動するようになるのです。

ネガティブなことを口にする人たちと話をすると、こんなことを言います。

「いつも自分が考えたとおりになるんです」

「嫌な予感ばっかり当たるんですよ」

これは当たり前のこと。ネガティブなことばかり考えているから、ネガティブな行動をとってしまい、ネガティブな結果が生まれているのです。

行動や心理は無意識に、あなたが思うとおりの方向に向かっていきます。

人は誰でも自分の考えを正当化したり、世の中は自分の思うとおりに動いている、そう思いたいのです。ですから、あなたの思い込みが叶うように、あなた自身の行動も変わってきてしまうのです。


ネガティブな思考も、ポジティブな思考も、自分次第です。

世界で1億冊売れたと言われる本『思考は現実化する』（ナポレオン・ヒル著、きこ書房刊）には「**現実は自分が思い描いたようになる**」と書かれています。

この本を読んだ人は、「引き寄せの法則」のように、ネガティブなことは、考えなければ現実にならないといった解釈をする人がいます。でも、実際はネガティブなことを「一切考えない」のもまた現実的ではありません。

「思考は現実化する」のではなくて、**「思考は行動化する」**。

あなたの思考は、それがどんな内容であっても、無意識にあなたの行動につながっていくと覚えておいてください。

あなたがネガティブな思考を持っている限り、現実はあなたの思考どおり、ネガティブなものになってしまうのは当たり前なのです。ネガティブな思考が浮かんだら、必ず打ち消しの**「でも」**を忘れずに！

5 自分自身を作る「習慣」を身につける

運命が好転する法

☑まず「人生は習慣で作られる」と肝に銘じる

作業が予定どおりに進まないとき、多くの人は「計画が悪かった」と思うでしょう。そして、その計画を見直します。

もちろん、計画を見直すのは大事なことです。ただ、計画を見直すのはたいてい作業が予定どおりに進まないとき。そのときに見直した計画は、**最初に立てた計画よりもさらに厳しく、キツイ内容になっている**場合がほとんどです。

たとえば、新商品キャンペーンの案内状を、顧客に発送する作業があったとします。

発送期限は10日間。期限内に顧客へ案内状を発送するために、「1日1000通ずつ作業すれば間に合う」

そんな計画を立てます。しかし、作業してから2日経った頃「あれ？ おかしいな。このままでは終わらないな」と、気づきます。この2日間忙しかったこともあり、計画どおり1000通も送れていなかったのです。

そこで、次のように計画を見直します。

「期日に間に合うように、1日1200通ずつに増やそう」

こんなふうに、**作業量を増やしてしまう**のです。

繰り返しますが、見直した計画は、以前の計画よりもさらに厳しく、キツイ内容になっていき、どんどんあなたの首を絞めていくのです。

結論から言うと、作業が予定どおりに進まないとき、計画の見直しとしてやるべきことは、作業量を増やすことではありません。

あなた自身や、直接プロジェクトにかかわる人の「習慣」を見直すこと——が重要なのです。

なぜ習慣を見直すことが必要なのでしょうか。

なぜなら「計画」を見直そうとすると、私たち人間は、**「計画錯誤」**をする傾向があるからです。

「計画錯誤」とは、自分で立てた計画の見積りが甘くなること。いざ、その計画に取り組んでみると、計画の半分しかできないことがほとんどです。

つまり、「1日1000通ずつ作業すれば間に合う」と計画を立てても、**実際は「その半分の500通ずつしか作業できない」**と知っておく必要があるのです。

「計画錯誤」によって計画の見積もりが甘くなる理由は、簡単です。

私たちは、自分の能力を過信してしまう傾向があります。

今日よりも明日、明日よりも明後日のほうが、自分の能力はアップする。自分自身をコントロールできる。予定どおりに作業することが可能だ――と、誰もが思い込んでしまうのです。

ところが現実は、明日、明後日といった短い期間で、あなたの能力が劇的に変わることはありません。もちろん、あなた自身をコントロールすることもできませんし、作業量もほぼ同じです。

一方の「習慣」は、26ページでも紹介した「人生の45％は習慣化された行動で成り立っている」というデューク大学の研究のように、約半分を占める行動をコントロールできたら、人生はコントロール可能。

つまり、あなたを作るのは、性格でも育った環境でもなく、習慣と言っても過言ではないのです。

☑次に「自分はいつ・どこで・何をするか」を見直す

では、習慣を見直すためには、具体的に何をしたらいいのでしょう。

まず、自分が**「いつ」「どこで」「どんなこと」をしているのかを把握する**ことです。

私たちは、1日のほとんどを無意識に過ごしています。毎日、「いつ」「どこで」「どんなこと」をするか、きっちりと決めている人はほとんどいないでしょう。

まずは、自分の1日の時間の使い方を見直してみてください。とくに、どんな仕事に、どれくらいの時間がかかるのか。それを、きちんと把握することが大切です。

今回の例で言えば、1通の作業を終わらせるのに、どのくらいの時間が必要なのかを把握します。

そのために、作業の開始時から終了時までをタイマーで計り、1通の作業にかかった時間をメモしておきます。さらに、自分は何時間くらい集中できるのかを調べておきます。

そうして集まった情報をもとに、「計画どおりに進まなかったのはなぜか?」を冷静に分析してみるのです。

客観的な情報を集め分析することで、ようやく「1日500通ずつしか作業ができない」という、今の自分の能力に合った作業量がわかります。

今の自分の能力に合った作業量がわかったら、解決方法は2つです。

1つは、**納期を見直す**こと。

1日500通ずつしか作業ができないのですから、その作業量で間に合う納期を設定しなければなりません。

もう1つは、**作業時間を増やす**こと。

仕事の事情で、納期を延ばすことができない人もいるでしょう。その場合は、作業量ではなく、作業時間を増やすのです。同じ作業時間のまま、ただ単純に作業量を増やそうとすれば、必ず無理が生じてしまうからです。

たとえば、ダラダラと過ごしていた出勤直後、あるいは昼休み後の30分を作業時間にあててみます。無意識に過ごしてきた習慣を見直すことで、作業時間を生み出すわけです。

習慣を見直すとは、時間の使い方を見直すことです。

時間の使い方を見直さず、適当に作業をしていては、計画どおりに終わらせることはできません。逆に、決まった時間に決まった作業をすることが習慣化されると、作業の効率が自然と上がっていきます。すると、**より短い時間で、かつ多くの作業をこなすことが可能になる**のです。

作業が予定どおりに進まないときは、計画ではなく習慣を見直すこと。

あなたの人生の時間、もっと大きく言ってしまえば、「あなたの運命」をコントロールするかもしれないくらい、「習慣」は重要な役割を担っているのです。

6 ここ一番では「直感で判断する」

運を高める法

☑成功者とは例外なく「自分で運を高めた人」

「成功」というと、つい「大きな成功」をイメージしがちです。

たとえば、起業して年商を何億円にする、会社で出世してトップになる……といった具合でしょうか。

ただ、そんな「大きな成功」だけに注目していると、日々の「小さな成功」を見逃してしまいます。

本当に注目するべきは、むしろ日々の「小さな成功」です。

「小さな成功」を積み上げることで、自分に自信や誇りが持てるようになります。さらには、少しずつ責任ある仕事を任されるようになり、あなたの実力や評価も確実に高まっていきます。結果的に、「大きな成功」に結びつく可能性が高くなるのです。

たとえるなら、「小さな成功」は階段の1段1段。逆に、「大きな成功」は崖のようなものです。

「小さな成功」を積み上げ、**階段を1段ずつ上がっていけば、目指すところまで確実にたどりつけます**。一方で、最初から「大きな成功」を目指し、いきなり崖を登ろうとしたら、しんどいですし、失敗する確率も高くなります。

いきなり「大きな成功」を目指す人ほど、そこに到達する方法をわかっていなかったりします。しかも、「大きな成功」は「運」や「タイミング」に左右されるもの。努力していれば確実に手に入るものではありません。

「大きな成功」を得るためには、「小さな成功」を積み上げていくのと同時に、**自分で「運」を高めることも大切**なのです。

リチャード・ワイズマン氏は、「運がいい人」と「運が悪い人」の違いについて研究をしているイギリスの心理学者ですが、彼の著書、『運のいい人の法則』（KADOKAWA刊）の中で、**「運がいい人」に共通する3つの要素**を紹介しています。

① 外交的で社交性が高い
② チャレンジ精神が旺盛
③ メンタルが強い

「外交的で社交性が高い」と人脈が広がります。たくさんの人から、さまざまなチャンスが舞い込んできます。

とはいえ、目の前にチャンスがあっても、挑戦しなければ何も手に入りません。**「チャレンジ精神が旺盛」**であれば、舞い込んできたチャンスに臆することなく挑戦することができます。

もちろん、挑戦していれば、ときには失敗することもあると思います。そこで重要になってくるのが、**「メンタルが強い」**こと。失敗する度に落ち込んだままでいれば、新しいチャンスが訪れても気づくことができません。そのうち、新しいチャンスは通り過ぎてしまいます。

「メンタルが強い」と、何度失敗してもすぐに立ち直ることができます。何度でもチャンスをものにできるのです。

つまり、**「運がいい人」とは、目の前のチャンスを逃さずに、失敗しても何度も挑戦できる人**のこと。自分で「運」を高めたければ、積極的に人と交流し、チャンスだと思ったらどんどん挑戦する。そうした姿勢を持つことが大事なのです。

☑「直感を信じる」という方法

目の前のチャンスには、どんどん挑戦するべき。

そう言われても、目の前のチャンスが、本当にチャンスかどうかは挑戦してみないことにはわかりません。悩んで二の足を踏んでしまう人は多いと思います。

目の前のチャンスに挑戦するか悩んだときは、**「直感」で決めること**。

実際、「運がいい人」は「運が悪い人」と比べて、多くのことを直感で決めていると言われています。

また、ビジネス心理学の第一人者として知られる内藤誼人《よしひと》氏も、著書『パワーセルフ！　最強の自分になる心理学』（ダイヤモンド社刊）の中で、「手元の情報が少ないときや、将来が不確実なケースでは、直感力が役立つ」と書いています。

また、**「考えすぎると、かえって予測がはずれてしまう」**ことを示す、実験データもあります。

ニュージーランド最古の国立大学、オタゴ大学で心理学部教授を務めるジャミン・ハルバーシュタタット氏は、次のような実験を行ないました。

バスケットボールの試合結果を、直感をもとに予想するグループと、さまざまなデータの分析をもとに予想するグループの２つに分け、どちらの正解率が高いかを検証したのです。

２つのグループが予測した試合数は、全16試合。**分析をもとに予想したグループの正解率は65・２％**だったのに対し、**直感をもとにしたグループは、70・４％の正解率**でした。意外にも未来の予測は直感に頼ったほうが当たるという結果が出たのです。

優れた経営者たちも、直感を大切にしています。

アメリカのビジネス誌『フォーチュン』が毎年発表する、全米の企業番付５００社のリスト「フォーチュン５００」のアンケート調査を見ても、優れた経営者ほど「ひらめきに頼っているので、どうして成功したのかうまく答えられない」と回答することが多いようです。

「大きな成功」は、一夜で現実になることはありません。

「外交的で社交性が高い」「チャレンジ精神が旺盛」「メンタルが強い」――そんな「運のいい人」が、目の前のチャンスを直感に従ってつかむ。そして、「小さな成功」を積み上げるからこそ、手に入るものなのです。

2章

人として
強くなる・成長する
「意外な解決法」

7

「できる人」の解決法――自分一人で解決しようとしない

「困ったこと」がなくなる法

☑「できない人」に共通する習慣――自分一人で抱え込む

仕事や人間関係で問題が起きたとき――。

「自分がもっとできる人間だったら、一人でパパッと解決できるのに」

そう感じることがあるかもしれません。しかし、できる人は問題が起きたとき、すべて自分一人で解決しているのでしょうか？

答えは「いいえ」です。

どんなに有能なできる人も、自分一人だけで解決できることなどほんのわずか。逆に、有能なできる人ほど、**協力を求めたときに応えてくれる人間関係をたくさん持っている**ものです。

フィンランドの電気通信機器メーカーであるノキアの子会社に、「ベル研究所」というアメリカの産業技術研究機関があります。

ベル研究所は、世界の超一流大学の博士課程を優秀な成績で卒業した研究者だけを集めています。9つのノーベル賞のほか、4つのチューリング賞（コンピュータ科学分野の国際学会「ACM」が計算機科学分野で革新的な功績を残した人物に授与する賞）、多数のアメリカ国家科学賞（アメリカ政府が科学者および技術者に授与する賞）など、数多くの受賞者を輩出してきました。

そんな優秀な人材だけが集まるベル研究所の中の、とくに優秀なトップ15％の研究員というと、一般的な研究員とは大きな違いがありそうですが、両者の違いを調べたところ、能力自体にはさほど差がありませんでした。

一般的な研究員との差はたった1つ。

トップ15％の研究員たちは、**人のネットワークを活用することが非常にうまかった**のです。

たとえば、自分にとって専門外の事柄でよくわからない問題や、解決できない問題が起きたとき。トップ15％の研究員たちは、すぐにその道の専門家に連絡を取り、質問をしたりアドバイスを仰いだりします。

一方で、一般的な研究員は自分一人で抱え込んで、解決しようとする傾向が強かったそうです。

職場でのポジションが上がれば上がるほど、適切な人とのネットワークを持っていることがとても大事になってくるのです。

ベル研究所のさらなる調査によれば、**仕事の成果は85％が対人関係によってもたらされている**という結果も出ています。

対人関係が上手な人は、さまざまなことをチームで解決することができます。チームで取り組むことで迅速に物事を前進させ、より大きなことを達成することが可能です。

そう考えると、仕事の成果を上げたかったら、**「共同作業能力」を高める**ことが重要なキーファクターになっていることがわかります。

☑好かれるのはどっち？――一人で解決しようとする人、しない人

人とのネットワークを活用するうえで、大事なポイントが2つあります。

1つ目は、「問題が起きたとき、すぐに相談できる人間関係をさまざまな人たちと作っておく」こと。

2つ目は、「臆することなく、人に助けを求められる」こと。

私たち人間は、面白いもので、**自分が「助けた相手」を身近に感じ、好意を抱く**という傾向があります。

恋愛ドラマだと、好きになるのは「助けてもらった相手」のような気もします。ですが、実際のところ、あなたは、あなたが「助けた相手」に対して好意を抱くのです。

なぜなら、「助けたい」と思うことは、あなたがその相手を「認めている」ということ。

そして、助けるという行為を通して、「**これほど自分はこの人を大事に思っているのだ**」

という気持ちを自分で確信するのです。

つまり、誰かに上手に助けを求めることによって、その相手が**あなたを承認し、好意を持ってくれる確率が上がる**ということです。

一人で解決しようとするのではなく、助けを求められる関係をたくさん作っておくこと。これが僕からの提案です。

では、人見知りや口下手、人とうまく打ち解けられないなど、チームでの共同作業が苦手な人はどうしたらいいのでしょう。仕事の成果を高めることは難しいのでしょうか。

安心してください。僕自身も、少し前まで対人関係が苦手で、人とどうやってうまくコミュニケーションをとっていいかわからない一人でした。

高校に入り、大学に進学しても、メンタリストとして活動をはじめてからも、人見知りなのは変わらず、自分になかなか自信が持てないまま。

今でこそ、講演会など人前で話す機会も多いですが、昔の自分は人前に出て話すなんて考えられませんでした。

でも、学習すればできます。

どんなことでも学習すれば可能なのです。

幸いなことに、今では対面だけでなく、ネット上でコミュニケーションをとることも可能です。求められる対人関係スキルのハードルも高いものではありません。

本を読み、学んで、対人関係スキルを磨いていけば、現在、**余白になっている85%の成果をあっという間に手に入れることができる**のです。まだ伸びしろはいっぱいある。そう考えると、ワクワクしてきませんか？

8

「挫折対策」をしておくと、人生、意外にうまくいく

挫折と無縁になる法

☑ 挫折しそうになってから「対策」を考えては遅い

目標を達成するために、ぜひ「やってほしいこと」があります。

何だと思いますか？

それは、**目標に向かって行動をはじめる前に「挫折対策」をしておくこと**です。

事前に挫折対策をするなんて、挫折を受け入れるようなもの。目標に向かってやり抜くと決めていれば、そんな準備は必要ない――そんなふうに考えるポジティブ思考の人ほど、実は挫折する確率が高かったりするのです。

人間は、今の行動がうまくいかなくなると、その先、どうすればよいのかわからなくなります。**脳のエネルギーが不安や焦りを解消するために使われ、自分の行動をコントロールできなくなる**からです。

ところが、ポジティブ思考の人は、

「やるぞ！　やるぞ！　オーッ！」

「全部うまくいくぞ！　イェーイ！」

と、挫折することなど考えもせず快調に走り出します。

途中でうまくいかなくなることなど考えていません。まるで、訓練をしていない自衛隊やレスキュー隊、消防隊のようなものです。

もしも彼らが「万が一の事態なんて起こらないでしょ」と楽観的に考え、日頃の訓練を怠っていたらどうなるでしょう。当然、万が一の事態が発生したときに、冷静、迅速、適切かつ効率よく対応できるはずがありません。

それゆえ、**想定外のことが起きたり何か問題が生じたりすると、まったく対応できないまま、簡単に挫折してしまう**のです。

挫折しがちな人は、挫折しそうになったときにはじめて「どうすればうまくいくのか」「どうすれば挫折しないで済むか」と考えます。

ところが、挫折しそうな心で考えたアイデアなど、何の役にも立ちません。当然ですね。挫折しそうなときは、目標に向かって行動をはじめた頃のウキウキ感はどこへやら。気が弱くなって滅入っていますし、何をすればよいのかわからないパニック状態です。今の状況を劇的に変えるアイデアなど、浮かんでくるはずがないのです。

ですから、挫折しそうになったときでもパニックに陥らず、少ない意志力（208ページ参照）でやり抜けられるよう、行動する前に「挫折対策」をしておくべきなのです。

☑自分の「挫折パターン」を分析することが重要

「挫折対策」をするときは、必ず過去の自分を振り返ってください。

今まで自分がどういうときに挫折してきたのかを考えるのです。

たとえば、次のような具合です。

◎「仕事のスケジュールを無理に詰め込んで、結局、期日までに終わらなかった」
◎「ノリでスポーツジムに入会したけど、途中で飽きてやめてしまった」
◎「ダイエットをしていたけど、ある程度やせたら満足してリバウンドした」

自分が挫折したときのパターンをいくつか先に知っておくことで、**どんなときに挫折しやすいのかがわかります**。

たとえば、ダイエットしようと食事制限をしていたのに、つい甘い物の誘惑に負けて、ケーキを食べてしまったことがあるとしましょう。「誘惑に負けてしまう」。これがあなたの挫折パターンです。

こうした「誘惑に負けてしまう」挫折パターンも、事前に「挫折対策」をしておけば、簡単にクリアできます。

自分が誘惑に負けやすいとしたら、どうしたらいいのでしょう。**それは、誘惑とは闘わない。避けること**――これが誘惑への一番賢い「挫折対策」です。

甘いケーキという誘惑が並んだショーウインドーに、顔をペタッと貼りつけている自分を想像してみてください。その状態で「我慢しろ」と言われても、甘いものやケーキがよほど嫌いでなければ、相当意志が強くないと我慢できないでしょう。

誘惑と闘って打ち勝つのは、なかなか難しいことなのです。

ですから、「誘惑は避ける」が賢い選択です。

ケーキ屋のショーウインドーが見えない道を通る、ケーキ屋のない最寄り駅を利用する、といった具合に、ケーキが目に入らないようにすればいいのです。

何も一生避け続けなければいけないわけではありません。目標を達成するまで避けていればOKです。

☑「楽観バイアス」を認識し、現実的な挫折対策を

事前に立てた計画がうまくいかずに挫折した。そういうパターンを持つ人もいるでしょう。

計画がうまくいかないのは、あなたの実力不足、努力不足とは限りません。ほとんどの場合、**計画そのものに無理がある**のです。

あなたは、**「楽観バイアス」**という言葉を聞いたことがありますか？

簡単に言えば、物事を「たぶん大丈夫だろう」などと、**自分にとって都合よく楽観的に解釈してしまうこと**です。

私たちには計画を甘く見積もってしまう「計画錯誤」という傾向があると、44ページでお話ししました。「計画錯誤」は、この「楽観バイアス」がもとになって起こる誤認識のこと。ノーベル経済学賞を受賞した認知心理学者、ダニエル・カーネマン氏が、「楽観バイアス」がかかる現象のことを「計画錯誤」と名づけたのです。

ですから、「楽観バイアス」が原因で挫折したパターンを持つ人は、

① 実際にかかった時間を思い出し、他人のことを見積もるような気持ちで、計画を見通すこと

② 自分の能力を過信せず、現実的な計画を立てること

これらを挫折対策として実行してください。

最後にもう1つ、「挫折対策」の重要なポイントをお伝えします。

「挫折対策」を考えるタイミングは、新しい目標に向かって行動を起こそうと思った、まさにそのときがベストです。そして、

「この目標を達成できなそうなこと、挫折しそうなことがあるとしたら、その理由や原因は何だと思うか？」

「挫折しそうになったら、どのような行動をとるのが効果的か？」

こうした質問の答えを、スマートフォンのメモ機能、または手帳などにメモし、いつでも見られるようにしておきます。

そして、いつもの挫折パターンに直面したときに、すぐにこのメモを見るのです。事前に考えたこのメモが挫折への最後の抑止力となり、いつもの挫折パターンを防ぐことが可能です。

このメモには、もう1つの効果があります。

新しい目標を決めたモチベーションが一番高いときに書かれているため、気分が落ち込んだときに見ると、**目標を決めた当初のワクワクした気持ちが復活**。

再びモチベーションが湧いてくるのです。

モチベーションを保つため、3日に1回くらいの頻度で音読するのもおすすめです。

9 「安定」は、「成長」を求める人だけが手にできる

「右肩上がりの人生」を生きる法

☑変化の激しい時代に「安定を求める」こと自体がアウト

就職先として、国家公務員にこだわる若者がいます。

理想の結婚相手をあげるときに、大企業のサラリーマン、医師、弁護士といったように職業を限定する女性がいます。

彼らに共通しているのは、**「安定した職業」に惹かれている**ことです。

国家公務員になれば一生安泰。

結婚相手が大企業のサラリーマン、医師、弁護士なら一生安泰。

はたして、それは本当でしょうか？

フリーランスや起業家など独立志向の若い人たちが増え、働き方について柔軟な考え方が多くなってはいるものの、「安定」に執着する人はまだまだいます。

現代は、変化が激しい時代です。

国家公務員といえども、もはや安定した職業ではなくなりました。仕事の効率化のために、外部化やＩＴ化が進んできています。そうした世の流れで、国家公務員の人員数を減らすと国が決断すれば、人員整理で解雇されることもあるかもしれません。そもそも、国がいつ倒れるかもわかりません。

大企業のサラリーマンだって同じです。

実際、誰もが知る大企業に勤めていることを笠に着て「オレ、大企業だから」というスタンスで仕事をする人を、僕は何人も見てきました。が、**誰もが知る大企業が突然倒産しても、まったく不思議ではない時代**が到来しているのです。

また、医師や弁護士の数は年々増え続けています。

医師や弁護士は難関資格ではありますが、**数が増えれば競争がはじまります**。そうなれば、競争に負けた能力の低い人から、職を失っていくことになるでしょう。

一昔前なら、銀行に貯金さえしていれば、利息で少しは豊かに生活できたかもしれません。ですが、毎年10％の利息がつく時代は、もうとっくに終わったのです。

多くの人が惹かれている「安定」とは、**「激しい変化がない」こと。あるいは「一定の生活レベルを保っていられる」こと**だと言えます。

そして、それは「安定」とは呼べません。**「停滞」**です。

変化が激しい現代において「安定」を求めるということ自体がアウトなのです。

ただし、誤解しないでください。

僕は、国家公務員や大企業のサラリーマン、医師や弁護士を否定しているわけではありません。会社や肩書きにともなう「安定」というイメージにぶら下がっている人に、僕はまったく興味がありません、と言っているのです。

☑「安定」は「停滞」の同義語である

ここで、いくつか質問をさせてください。

あなたは自分の目標に向かって、努力していますか？

目の前のやるべき事柄を頑張っていますか？

毎日、何かしら挑戦をしていますか？

答えが「ＹＥＳ」だとしたら、元の状態で「停滞」つまり「安定」しているのではなく、前進していると言えるはずです。

目標に向かって努力をしていても、今の状況から前進することもあれば、もちろん後退することもあります。ですが、**進んだり戻ったりしながらも、少しずつ自分の目標に向かっていく――それこそが「成長」**なのです。

山登りにたとえてみましょう。

山に登りはじめたのに、３合目で立ち止まってしまう人。まだ3合目なのに「ここでもう満足です」という人は、「安定」ではなく「停滞」しているのです。

少しずつでもいいからコツコツと前に進む。そうして頂上に向かって登り続けている人は、いつかは3合目を超え、４合目、５合目に到達し、最後には、登頂を成功させるでしょう。

それはもしかしたら、世間一般や、あなたの隣にいる誰かとは異なる頂上かもしれません。でも、あなたが目指す、あなた自身の頂上に到達できるはずです。

ですから、「停滞」を「安定」と勘違いしないこと。

「安定」は、「成長」とセットでなければ意味がありません。

つまり、「成長」していることが「安定」につながり、挑戦し続け、少しずつでも、目標に向かって前に進んでいくことが大事なのです。

「安定」という名の「停滞」を求めるのではなく、「安定」した「成長」を求めてください。

そして、執着するなら自分自身の成長、あなた自身が「**成し遂げたこと**」に執着してください。

会社に勤めていても、「この仕事がやりたくて、これまでこういう結果を出してきました。一緒に何かやりましょう！」と自分が「成し遂げたこと」を誇る人もいます。

僕はそういう自分が「成し遂げたこと」を誇る人は大好きです。

これは何もビジネスパーソンだけについて言っているのではありません。

人間は、肩書きなどではなく、その人自身が「成し遂げたこと」で評価されるべきだと、僕は強く思います。

10

負けを恐れた時点で負け、挑戦を誇る人だけが勝つ

勝利を手に入れる法

☑「失敗しないもっとも効果的な方法」は戦わないこと

「負ける」「失敗する」――誰でも嫌な言葉ですね。

とくに日本人には、「負けたくない」「失敗したくない」と考える人が多いように思います。

ですが、極端に「負ける」「失敗する」ことを恐れてはいけません。「負ける」「失敗する」ことを恐れすぎると、挑戦する勇気まで消えてしまいます。

「負けない」ための一番の方法は、「戦わない」ことだからです。

リングに上がって戦わなければ、「負ける」ことはありません。つまり、「負けない」ためには、挑戦しなければいいのです。

しかし、挑戦しなければ成功を手にすることもできません。

大切なのは、「負けたくない」ではなくて「勝ちたい」と思うこと。

「勝ちたい」と思うなら、戦いの場に出ることが必要です。つまり、挑戦しなければいけないのです。

スポーツの世界では、本当に戦うべき相手は自分自身だ、とよく言われます。

ですから自分に対して、「負けたくない」という言葉を使うのはいいことです。

「自分の限界に負けたくない」という気持ちは、強いモチベーションになります。

ですが、他人に対して「負けたくない」という気持ちを強く持ちすぎると、失うものがないときは挑戦できますが、成功してある程度の地位を獲得すると、**「負けないために挑戦しなくなってしまう**のです。

昔はいろんなことに挑戦して勢いがあったのに、今は丸くなって大人しくなってしまった人。あなたの周りにもいませんか？

昔の勢いを失ってしまったタイプの人は、「自分に負けたくない」ではなく、「他人に負けたくない」と考えていた人なのでしょう。ある程度の地位を獲得したときに、今度はその地位を失うことが怖くなってしまい、挑戦できなくなるのです。

また、ある程度の地位になったのちに、若い人の独創的なアイデアや決断を認められなくなってしまう人もいます。

他人の能力を認められなかったり、否定ばかりしている人は、他人の能力を認めるのが怖いのです。**他人の能力を認めること＝相手のほうが自分よりも上である**、つまり「負け」を認めることと同義だと思っているのです。

相手を落として（否定して）自分をあげる、これは本当の勝利ではありません。

そのことにしっかりと気づくことが重要です。

☑「自分の未来の話」ができるか、どうか――勝負どころ

私たちはつい「負けない」「失敗したくない」という考えに固執しがちです。

でも、本当に大切なのは、**今、どれだけ挑戦しているか**。

過去の努力や成功は、現時点ではすでに過去の遺物です。過去の成功談をいつまで

も語っている人は、向上心のない人。そういう人とつき合っても、今以上のものは出てこないはずです。過去の成功話など、生ごみ用のディスポーザーに入れて、攪拌《かくはん》してしまってください。それよりも、

◎「今、新しい計画を準備しているんだ」
◎「近い将来、こんなふうになっていたいんだ」
◎「絶対達成したい目標があるんだけど、手伝ってくれないかな？」

こんな具合に、これからは**未来の話、挑戦の話**をすること。

そうすれば周囲のあなたを見る目、意識は必ず変わるでしょう。

もちろん、挑戦し続けていれば、負けることも、失敗することもあります。でも、負けたり失敗したりしたときでさえ、それを包み隠さず語れる人こそ、本当に器の大きな人です。

「こんな挑戦をしたけどダメだった。だから、次はこういうことをやりたいんだ」

負けたり、失敗してもなお、挑戦しようとする——。

この姿勢をぜひ身につけてください。

恐れるべきは、負けや失敗ではありません。

「負けない」人は、単に戦っていないだけ。停滞という名の安定を求めた瞬間、それ以上の人生は見込めません。あとは死を待つだけ、人形のように生きる人生です。

そう考えると、ちょっとドキッとしませんか？

11 使っていない物・使っていない人間関係は、捨てる

貴重な時間が増える法

☑ 生活がシンプルな人ほど、生活が豊かになる

物を捨てるときに「もったいない」とためらう人がいます。

日常的に使っていない物でさえ、捨てるのは「もったいない」。

一度はゴミ袋に入れるけれども、どこか気がとがめる。置いておける場所はあるから、とりあえず取っておこう……。そんなふうに、結局なかなか物が捨てられない、という人は意外に多いものです。

物だけでなく、人間関係を整理できずに困っている人もいるかもしれません。

僕からの提案はシンプルです。

いらない物や人間関係なら、思い切って捨ててしまいましょう。

なぜなら、**捨てることによって、あなたは「自由な時間」を手に入れる**ことができるからです。

たくさんの物を抱えていると、頭の中でそれらを管理する「管理コスト」がかかります。たしかに物は無駄にしてはいません。そのかわり、物以上に大切な**「脳の力」を無駄にしている**のです。

私たちの脳の一部である前頭葉は、自分をコントロールしたり、集中力を作り出したり、未来のことを考える力を持っています。ですが、その力も無限ではありません。

頭の中で管理する物が多すぎると、かなりの容量を無駄に使います。

前頭葉の容量を無駄に使うと、あらゆる誘惑に弱くなります。

誘惑とはつまり、無駄にお金を使う、無駄に時間を消費することにつながるのです。

アメリカ人のブロガーであり、作家であるレオ・バボータ氏が書いた『減らす技術』（ディスカヴァー・トゥエンティワン刊）。この本の中には、生活をシンプル化することのさまざまな恩恵が書かれており、僕自身とても感銘を受けました。

以来、僕は生活をシンプルにするために、今もさまざまなことに取り組んでいます。

とくに力を入れて行なっているのが、不用な物（人間関係も含む）を減らすこと。

所有物を減らすことについてのメリットはあげればキリがありませんが、ここでは5つの変化を紹介します。

①時間・コスト・労力を節約できる

多くの人は、物を管理するために、多くの時間と労力、コストをかけています。

代表的な物の1つは、服でしょうか。服が多いほど、衣替えやクリーニングといったメンテナンスや、毎朝の服選びに悩む時間が増えます。

思い切って服を友人に譲ったり、リサイクルに出したりすれば、貴重な時間が手に入ります。

②集中力が高まる

物が少なくなると集中力が高まります。

マンガやゲーム機が散らかった部屋で勉強するよりも、自分の物がほとんどないカフェや図書館で勉強したほうが集中できませんか？

集中できず気が散るのは、目的以外のことが目に入ったり聞こえたりするからです。

極端な話、勉強道具以外の物がなければ、勉強のみに集中できるわけです。

③ 迷いがなくなる

物が減ると、そもそも選択肢が減りますから迷わず選択できるようになります。

また、心理学では「選択のパラドックス」と言って、選択肢が多いほど、悩む時間と後悔する時間が増え、人間の幸福度が下がることがわかっています。

物を減らして、迷いをスッキリとなくしましょう。

④ ストレスが減る

意外かもしれませんが、物を減らすとストレスが減ります。

「片づけなければいけない」「掃除しなければいけない」というプレッシャーは、人間にとって強烈なストレスになります。

そのようなストレスがかかっている状態では、発想力や自制心が低下し、素晴らしい仕事はできません。

物を減らせば、そもそも片づける必要がなくなります。物が減ればストレスも減ると考えて、いらない物は処分しましょう。

⑤ 収入が増える

ここまでの効果をまとめると、いらない物を捨てると時間の余裕が生まれます。決断が早くなり、集中力が高まります。ストレスが減少します。そして、迷いなく行動できるようになります。

その結果、今やるべきことに最大の力を発揮できるようになります。

周囲からの評価も高まり、当然のように収入も増えるのです。

生活をシンプルにしたほうがいいことはわかっていても、なかなか難しいという人もいるでしょう。そういう人のために、とっておきの自己暗示の言葉をお伝えしておきます。

物が捨てられないと思ったときに、ある言葉を心の中でつぶやくだけでいいのです。

「これを捨てれば、自由な時間が手に入る」——。


人生でもっとも貴重な物は、時間です。

大金持ちになって、もうお金はいらないと思う人はいるかもしれません。ですが、どんな状況になっても、もう時間はいらないと思う人はいないでしょう。

ぜひ、「捨てるのがもったいない」ではなく、「これを捨てれば、自由な時間が手に入る」と考えてください。

3章

自分の個性を磨き、武器にする「意外な解決法」

12

空気を読んで得られるのは「安心感」だけ

個性に磨きをかける法

☑まず「その他大勢」とは違うことをする

「大衆はつねに間違っている」

これは、僕がことあるごとにお伝えしている言葉です。

アメリカで「人間開発の神様」とも評され、放送業界や生命保険事業でも大成功を収めた、アール・ナイチンゲール氏の有名な言葉であり、噛み砕いて言えば、**仕事でも趣味でもみんなと同じことをするのをやめましょう**、という意味です。

もちろん、大衆に迎合することが間違っているとは思いません。みんなと同じことをするのもけっして悪くはないのです。

みんなと同じことをしていれば、目立ったり、浮いたりすることもないので安心できるでしょう。言い方は悪いかもしれませんが、失敗したときには仲間と傷の舐《な》め合いもできます。

ですが、**安心できると同時に、漠然とした不安感が残る**こともあります。

◎「自分が本当にやりたいことは、これなんだろうか？」
◎「みんなと同じことをしていて、前に進んで行けるんだろうか？」
◎「いつか誰かに、出し抜かれるんじゃないか？」

今はみんなと同じことをしていても、この先もずっと同じことを続けているとは限りません。

さらに、みんなと同じことをしていては、いつまでたっても自分が先頭を走ることができないことも心のどこかで感じ取っています。

つまり、手近な安心は得られますが、先の不安が拭《ぬぐ》えないのです。

そこで、勇気を持って人と同じことをするのをやめてみてください。

極論を言えば、**「空気なんて読まなくてもいい」**んです。

最初は、不安かもしれません。どうしていいかわからないかもしれません。でも、人と比べず、合わせず、目の前にある不安と闘う努力をするべきです。

あなたと同じ人間はほかにいないのです。

唯一無二の存在であるあなたが、**一度しかない人生で、人と同じことをしているのはもったいない**と思いませんか？

みんなと同じことをやめて、あなたにしかできないこと、やっていて心から楽しめること、その可能性に挑戦すべきです。

☑「少し浮いている人」と思われるくらいが、ちょうどいい

ここまで読んで、それでも人に合わせること、空気を読むことがやめられない、あるいはやめるのが怖いと感じる人はどのくらいいるでしょう。

僕に言わせれば、あなたがしがみついているのはただの「安心感」です。

「みんなと同じことをしていると話が合う」と思うかもしれません。

たしかに、同じことをしていれば共通の話題もあるでしょう。

ですが、異なる業種、趣味、考えを持っている人でも話の合う人はたくさんいます。

同じことをしていなければ、その人とつながっていると感じられないなら、それは真のつながりではありません。裏を返せば、同じことをしていなければ仲間はずれにされるかも、という低いレベルのつながりです。


僕自身も親友と呼べる相手は、片手で数えるくらいしかいません。でも、僕が何をしても最後まで味方でいてくれる自信はあります。

同じことをしていないと仲間はずれにするような人たちは、仲間ではありません。

だから、みんなと違うことをしてもいいんです。それがあなたの個性なのですから。

周囲から「少し浮いている人」と思われるくらいでちょうどいいんです。

そのほうが、あなたの個性を思う存分発揮することができるかもしれません。

もちろん、個性的であることと、自分勝手で利己的であることはまるで違います。

個性という言い訳のもとに、自分勝手で利己的なふるまいをしていると、会社のような組織の中では、必要ない人間とみなされてしまいます。

あなたの個性をみんなが必要としてくれるように、**その個性を活かして会社や周囲の人々に貢献する方法を考えてください**。

大衆はつねに間違っている――。

大切なのは人と同じことをしなくても安心できる、あなた自身の基準を持つことなのです。

13 大事な案件は「夜」ではなく「朝」考える

「ポジティブ思考」になる法

☑マイナス思考は、夜生まれる――「寝る前に考えてはならない」理由

「寝る前に考えごとをしないでください」

僕がこう言うと、不思議そうな顔をする人がいます。

眠りに落ちるその前に、その日1日を振り返ったり、未来の予定を考えたりすることが習慣になっているのでしょう。寝る前に考えごとをする人は意外に多いのかもしれません。

ここで、ハッキリと言っておきます。

寝る前に考えごとをするのは、効果的ではありません。

夜は体だけでなく、脳も疲れ切っています。そんな疲れた脳で考えても、前向きなアイデアは思い浮かびません。抱えている問題のベストな解決策が見つかる可能性もとても低く、むしろ、非効果的なことしか思い浮かびません。

「夜はマイナス思考になりがちだ」と言われるのも、もっともです。疲れた脳で考えごとをしても時間の無駄なのです。

とはいえ、人間の脳は難儀なもので「寝る前に考えごとをしない」と意識すればするほど、逆に頭の中は考えごとでいっぱいになってしまいます。

そこで、寝る前に考えごとをしたくなったら、**頭の中にあることをすべて紙に書き出してください**。頭を空っぽにして、とにかく寝てしまうのです。

紙に書き出したことは、朝起きてから改めて考えましょう。


もう1つ、**家に帰ってからダラダラと過ごす時間を作らない**こともコツです。

仕事から帰宅した後、ソファで一休みしながらテレビを見たりしていませんか？

こうしたダラダラと過ごす時間が増えれば増えるほど、考えごとをしてしまうリス

ク も高まります。

ですから、家に帰ったらまず服をパパッと脱いで、裸になってしまいましょう。冗談のように聞こえるかもしれませんが、**裸になるのは、「ダラダラ防止」に非常に効率がよい**のです。

真夏以外、裸のままでは寒いはずです。そのままでは落ち着きませんから、ソファに座ってテレビを見よう、なんてことはなくなります。

くれぐれも、スウェットのようなラクな服に着替えてはいけません。裸のまま、風呂を沸かしに行ってください。

最近の湯舟は、大きさにもよりますが、15分もあればお湯がたまります。それを待つ間に、脱いだ服や靴下、下着をすべて洗濯機に放り込んでください。洗うべきタオルやほかの衣類を入れて、本格的に洗濯をはじめてもかまいません。

裸のまま、洗面所や風呂場の掃除をしたり、部屋の片づけをしたり、明日の準備をしてもいいと思います。

家に帰ってから夕飯をとる必要があるなら、帰宅した後、すぐに食事の準備にかかってください。夕飯を食べ終えたら、すぐ裸になって、先述した洗濯や掃除に取りかかります。

家族と同居しているなら、先に湯舟の湯をためておいてもらってもいいでしょう。そうすれば、帰ったらすぐ風呂に入れます。

いずれにせよ、風呂の準備ができたらすぐに入り、その後はすぐ寝てしまえばいいのです。

☑深い眠りが「自然と訪れる入浴法」

寝る前に風呂に入ることをすすめているのは、自然な眠気がすぐに訪れるからです。お湯に浸かると、人間の体温は上昇します。風呂から出ると、上昇した体温は少しずつ下降し、体温が落ち着いてくる1、2時間ほどで自然と眠気が訪れます。

僕は、風呂から出る前に冷水を1分ほど浴びるようにしています。

自律神経の乱れを整え、深部体温を下げることで睡眠の質を上げてくれるからです（冷水は心臓に負担をかけるため、心疾患や脳疾患を抱えている人、血圧やコレステロール値に問題がある人はNGです)。

ちなみに、全米睡眠財団(National Sleep Foundation)は、「**睡眠のためには、寝室の温度は15~19度が適切**」と言っています。寝やすい環境を作っておくのも、寝る前の考えごとを防ぐのに効果的です。

寝る前にやることを事前に決め、それを終えたら、すぐに寝る。これを習慣にしてしまえば、うっかり考えごとをしてしまうことを防げます。

朝は脳が活性化しています。夜にダラダラと考えごとをするよりも、数倍よいアイデアが出てくることを保証します。

14
「自分の意見」は「自分の頭」で考える習慣
最高の結論をモノにする法

☑人の意見を「効果的に聞く方法」

自分が言うこと、やることの責任の所在は、すべて自分にある。そんなふうに考えることは、誰にとっても荷が重いものです。

ですから、私たちはできるだけ、責任から逃がれるように生活しています。自分が責任を負うのではなく、会社のせい、上司のせい、家族のせい。人の意見に反論しないのも、**反論すれば自分が言った言葉に自分が責任を持たなくてはいけない**からです。

自分から行動せず人からの指示を待つのも、人の意見や指示に従っていれば、「たとえいい結果が出なくても、自分のせいではない」と正当化することができます。

無意識のうちに自分のための逃げ道を用意しているのです。

人の意見や指示に従ってばかりの人は、**いつになっても自信を持てるようにはなりません**。それればかりか、意見や指示をしてくれる人に対して依存心が生まれます。自分一人では新しいことに挑戦できなくなってしまうのです。

何事においても、つねに自分の頭で考える。

自分の言動は自分で決めることが重要です。

誤解しないでほしいのですが、「人の意見を聞いてはいけない」と言っているのではありません。むしろ、積極的に聞くべきです。

自分では思いつかないアイデアが得られますし、間違った考えや行動に気づき、方向修正をすることもできます。仕事の成果にもつながっていきます。

ただし、**人の意見を聞くのは、自分の頭で考えた後にする**こと。

自分の考えに他人の意見を取り入れるのと、他人の意見にただ従うのとでは、人生の満足度さえ変わってきます。

100人以上のノーベル賞受賞者を輩出している名門、アメリカのシカゴ大学の論文に、次のようなものがあります。

４１４人の被験者を対象に、人生に対する満足度を調査したところ、**「セルフコントロール能力」が高い人ほど、人生の満足度が高い**、という結果が出たのです。

セルフコンロトール能力とは、簡単に言えば、自分の感情や行動を、自分で制する能力のこと。他人の意見や指示に従ってばかりでは、セルフコントロール能力を養う機会が少なくなってしまいます。

自分が言うこと、やることに対して「これでいい。大丈夫だ」と思える自信、そんな自分を誇る自尊心は、自分の頭で考えて行動しない限り養われないのです。

☑「自分の意見」＋「人の意見」＝「最高の結論」

僕は、企業のコンサルティング業――簡単に言えば、企業のアドバイザーを請け負うことも多いです。

コンサルタントにもいろいろなタイプがいて、なかには経営者に詳細な指示を出す人もいます。が、僕はコンサルタントが詳細な指示を出すべきではないと考えます。

多くの経営者は決断が早く、仕事能力も非常に高い方ばかりです。そんな優秀な経営者の方々に向けて、コンサルタントができることは、いったい何でしょう。

それは、その経営者が知らない新しいアイデアや手法を提示し、経営者の脳を刺激すること。その結果、経営者のアイデアだけではない、コンサルタントのアイデアだけでもない、まったく新しい策にたどりつく。

「指示」ではなく「新しい可能性」の提示――それが、とても大事なのです。

経営者の脳に外から刺激を与えることによって、**化学反応を引き起こす**。経営者一人だけでは思いつかないような、新しい高みへの切符を渡す。

これが僕の持つコンサルタントのイメージです。

コンサルタント業は、単なる足し算では意味がありません。

経営者とコンサルタントが組んだことで、相乗効果を生まなければいけないのです。

普段から自分の頭で考えていなければ、コンサルタントや他人から新しい可能性が提示されたところで、その意見や指示をうまく活かすことはできません。

どんなことでも自分の頭で考えるクセをつけること。

まずはそこから、はじめましょう。

4章

つねに期待以上の結果が出る「意外な解決法」

15

「20％のタスク（仕事）」で「80％の成果」を出す

目標を確実に達成する法

☑今日から「無駄な作業をゼロにする」法

「やらなくてはいけない仕事が多すぎる！」

「毎日、忙しくて大変だ！」

日頃から、あなたがそんなふうに感じているとしたら、原因は次のようなところにあるかもしれません。


自分のやりたいこと、やる必要のあることがきちんとわかっていない。そのために無駄なタスク（作業）が多くなっている。

いつも忙しく時間に追われている人は、たいていの場合、無駄なタスクに時間を奪われているのです。

タスクが多いと、仕事を「やっている」感は得られます。忙しいけれど、ある種の充実感も得られるでしょう。でも、**本当に着目すべきなのはタスクの多さではなく、達成するべき目標**です。

目標をしっかり見定め、いかに少ないタスクで達成できるか。

これが大事なのです。

僕のケースをサンプルに考えてみましょう。

僕の目標は、「僕の知識を必要とする不特定多数の人たちに、知識をシェアして生きていくこと」です。

この目標を達成する方法はいくつか考えられます。

たとえば、テレビ番組への出演です。顔と名前を幅広い年齢層の方々に知ってもらい、自分の認知度を高めるという目的においては、テレビ番組への出演は効果的です。

しかし、不特定多数が見るメディアでは、自分の言いたいことが言えないこともあります。自分の発言が、どれくらいオンエアされるのかもわかりません。好きなときに好きな情報を発信できず、自由がないのです。

では、ブログやメルマガで情報を発信するほうがよいのでしょうか？

テレビ番組ほど認知度は高まりませんが、自由に言いたいことが言えます。

しかし、ブログやメルマガで情報を発信するためには、みなさんに読んでいただけるような文章に仕上げなければならないので、とても時間がかかります。

頻繁に更新するとなれば、当然ですがタスクが増えます。タスクが増えれば「忙しい」気分にはなれますし、「やっている」感が味わえるので、満足度は高いかもしれません。

でも、本当に効果的なのでしょうか？

そこで**再度、目標に着目します**。

僕の目標は、「僕の知識を必要とする不特定多数の人たちに、知識をシェアして生きていくこと」。

であれば、ブログやメルマガで発信するよりも、「ニコニコ生放送」のようなインターネット動画配信サービスを利用したほうが賢いと考えつきます。その場で、自由に言いたいことが言えます。

また、「ニコニコ動画」のサイト上に、録画しておいた放送をアップしておけば、生放送を見逃した人も好きなときに、その放送が見られます。僕の知識を必要とするより多くの人に見てもらうことが可能になるのです。

それだけではありません。カメラに向かって話すだけなので制作時間がかからない。配信回数を増やすのもラク。減った作業時間で、今後の動画の企画内容をレベルアップできる。まさに、いいことずくめです。

ひと言で言えば、テレビは認知度が高まるけれど、発言の自由がない。ブログやメルマガは、発言の自由はあるけれど、コストパフォーマンスが低い。インターネット動画配信サービスは、発言の自由があり、コストパフォーマンスも高いのです。

こうして僕の目標を最小限のタスクで達成するためには、インターネット動画配信サービスを使ったほうがいい、と判断できるのです。

「忙しい」からといって「効果的なことをしている」とは言えないのです。

タスクが多すぎて本当にやるべきことをする時間がない。成長するために必要な新しい知識を増やしたり経験を積む時間がない。いろいろなことに挑戦しているのに、いつになっても進歩がない、成長しているという実感が持てない……そんな人は、まず目標に着目して、やるべきことを見直すべきです。

本当に達成したい目標に着目することで「タスクを極限まで減らす」ことを考えましょう。

☑タスクを「5分の1に減らす」と成果が出る――80対20の法則

では、タスクはどのくらい減らせばいいのでしょう。

僕が参考にしているのは、**「80対20の法則」**です。

この法則は、イタリアの経済学者ヴィルフレド・パレート氏が発見したので、「パレートの法則」とも呼ばれています。簡単に説明すると、あなたがやっている作業の20％が、あなたの成果の80％を生み出している、という理論です。

たとえば、売上の80％を担っているのは、全商品の中で上位20％に該当する商品である――これもパレートの法則に従った理論です。

この法則をあなたに当てはめてみましょう。

「あなたがやっている作業のわずか20％が、あなたが手に入れている収入、成果、成長の80％を作っている」ということになります。ということは、20％の重要なタスクが何かを考えて、ほかは捨ててしまってもいいわけです。

1日に10個のタスクをこなしているとしたら、もっとも大切な2個だけを残し、それ以外の8個は一度捨ててしまいましょう。**タスクを5分の1に減らし、もっと成果を上げるためには何ができるのか**を考えます。

ここではじめて「時間」と「余裕」ができるわけです。目標を達成するためには、「時間」と「余裕」が必要不可欠です。

ときどき「大事なタスクを捨ててしまったら困りますよね」と言う人がいます。ですが、一度大きく減らしてみて、「あれ？　成果が出なくなったな」「結果がイマイチだな」と思ったら、戻せばいいだけです。

ポイントは、自分が達成したい目標は何かを考えることです。そこから「80対20の法則」に基づいて、まずはタスクを5分の1に減らしてください。

タスクを5分の1に減らしても成果が変わらないのであれば、また新しいタスクを加え実践してみるといいでしょう。

16 「今日の達成度」を採点――「明日の達成度」を上げる習慣

毎日、成果が出る法

☑「やりきった!」という満足感を、毎日味わえる人

仕事帰りの電車の中、あなたはどのように過ごしているでしょうか?

疲れて寝てしまう人は、残念ながら、仕事ができる上司や同僚たちから、遅れをとってしまいます。

仕事帰りの電車の中では居眠りをするのではなく、**「今日の仕事を振り返って達成度をつける」**習慣をおすすめします。1日の終わりに区切りをつけ、今日の仕事を見直す作業は、仕事ができるビジネスパーソンが、必ずと言っていいほど行なっている

習慣です。

やり方は簡単。今日1日、あなたが取り組んだ作業を振り返ってください。

そして、どのくらいの作業を終わらせることができたか、その**達成度を点数でもパーセンテージでもいいので、自己採点**します。

計画どおり順調に作業が進んでいれば、満足感が得られます。自分の達成度を確認し、その度合いが高ければ高いほど、「やりきった！」という感覚が生まれます。

逆に、計画の進行が思わしくなければ、作業全体を見直します。

どこが計画どおりに進まなかったのか、どの仕事に時間がかかったのかなど、作業の進み具合を把握することではじめて**改善点を見直すことが可能**です。より短時間で進める方法を見つけることもできるでしょう。

仕事ができるビジネスパーソンは、短期・長期を問わず、計画を立てるのが非常にうまいもの。計画どおり物事を達成するためにも「今日の仕事を振り返って達成度をつける」習慣が重要なのです。

収支が見えなければどこを節約していいのかわからないのと一緒です。

家計簿をつけるような感覚で「達成度をつける」ことに取り組んでみてください。

☑どんな日でも、達成したことが「1つ」ある

「今日の仕事を振り返って達成度をつける」習慣が身につくと、帰りの電車で寝てしまうことがなくなります。

疲れているのだから帰りの電車の中くらい眠りたい、という人もいるかもしれませんが、絶対にやめてください。

というのも、帰りの電車の中で寝てしまうと、帰り着く頃には眠気が解消され、目が冴えてきてしまいます。すると、夜遅くなっても眠れなくなり、余計なことを考えてしまうのです。92ページで述べたとおり、夜に考えたことはネガティブな発想になりがち。何の解決策にもならないことも多く、意味がありません。

さらには、夜更かしすれば、翌朝起きるのがツラくなる、という負のループにも陥ります。そうして、睡眠不足になって疲れやすくなってしまうわけです。

帰りの電車の中で「今日の仕事を振り返って達成度をつける」と、何よりもあなたのテンションが上がってくるはず。電車の中で眠らない方法としてもおすすめです。

ポイントは、「今日は達成したことが何もない」と感じたときでも、**必ず「達成できたこと」を見つける**こと。

「先輩にきちんとあいさつができた」という些細なことでもOKです。「達成できなかったこと」を考えすぎてしまうと、現実逃避するための眠気が襲ってきますから、ポジティブに達成できたことを見つけるように心がけてください。

あなたの**今日1日の仕事は、電車の中で完了**させます。もちろん、電車を使っていなければ、車の中でも、帰り道を歩きながらでもかまいません。家に帰ってから、仕事をしようと思わないようにするのです。

あなたの家は、あなたの体を休める場。帰宅したら、夕飯を食べたり、お風呂に入ったりしてすぐに寝てしまいましょう。

そして、新しい1日を、翌朝の早い時間からはじめるのです。

仕事をダラダラと持ち越し区切りをつけずにいると、ただ疲れて終わる毎日になってしまいます。「今日の仕事を振り返って達成度をつける」。そして、今日1日の仕事は家に着く前に「完了」させる。

この習慣が、未来への英気を養うことにつながるのです。

17

「移動中にできること」は、移動中にやる

成功体質になる法

☑「凡人の壁」を破る習慣——メールは移動中に返す

デスクに座ってメールを返すのは、当たり前。凡人のやることです。

この本を読んでいるあなたには、凡人の壁を越えていただきたいので、日々の仕事の効率が劇的に上がる方法をお伝えします。

それは、**「メールは必ず移動中に返す」**というものです。

成功者やお金持ちは、かなりの確率で時間管理が上手です。

逆に考えれば、時間管理術がうまくなれば、たちどころに成功者やお金持ちになれ

る……というのは言いすぎだとしても、成功者の資質は確実に手に入ります。

第一歩として、メールに限らず、**移動中にできることは、移動中にまとめて行なう**ことを心がけましょう。これだけでも仕事の生産性が驚くほど変わります。

デスクに座っている時間は、そこでしかできない仕事に集中する時間です。片手間でできることは、移動中に済ませてしまえばよいのです。

ポイントとしては、「どの移動で何をするか」を決めておくことです。

たとえば次のように決めておくと、何をするか迷わずに済みます。

◎徒歩での移動→折り返しが必要な電話をかける
◎電車での移動→メールを返信する
◎車での移動→オーディオブックを聞く

「1つの移動で1つのことをこなす」くらいでかまいません。

電車での移動中に、メールを返信し終えたなら、あとは好きなことをして過ごしましょう。

もちろん、移動中はゆっくり休みたい人もいるでしょう。移動中に何をしようかな、と迷うくらいなら「移動中はゆっくり休む」と決めて休んだほうが効率的です。

バイクで移動している、という人もいるかもしれません。その場合、手を使った作業はできませんが、頭を使うことはできます。今日1日のスケジュールを確認するくらいならできますよね。

日々の雑務は、移動中に少しずつこなしておきます。

そうすれば、いざデスクに座ったときには、「あれもこれもやらなくてはいけない」という状態から解放されているはずです。

☑成功と失敗を分ける「たった2分の差」

移動中にやることを決め、無理なく実践できるようになったら少しレベルを上げましょう。

1日の中には必ず、2、3分という短い隙間時間があります。この隙間時間を有効活用するのです。

たとえば毎日の通勤で、必ず電車の乗り換えに2、3分かかる場合。その隙間時間で何ができるかを考えてみます。

隙間時間を使う一番賢い方法は、「自動化する」ことです。

自動化とは、何も意識しなくても体が勝手に動く状態です。2、3分の隙間時間ができた瞬間に、スマートフォンを取り出す。そして、メールをチェック、返信が必要な場合はすぐに書き出す――この習慣を何も考えずにできるようにします。

2、3分の隙間時間に「何をしようかな」と考えているだけで、あっという間に時間は過ぎてしまいます。僕に言わせれば、迷っている時間はあまりにもったいない。

習慣を自動化するコツは、**1つの行動に対して1つの作業場所を決め、リスト化すること**です。それによって、何をしようか迷うことがなくなります。

はじめのうちは、スケジュール帳に「通勤時間」と書いた後、カッコ書きで（電車の中で会議資料に目を通す）とスケジュールに組み込むのもおすすめです。

◎8時～8時50分

通勤時間・行き（電車の中で会議資料に目を通す、隙間時間はメールのチェック）

◎19時〜19時50分

通勤時間・帰り（電車の中で今日の仕事を振り返って達成度つける）

このように、具体的に何をするか決めておけば、あなたにとって隙間時間はなくなります。あなたは、1日の時間をすべて有効に使う時間の魔術師になれるのです。

18 明日やることが全部できるDaiGo式「やることリスト」

行動力が高まる法

☑ DaiGo式「やることリスト」は音読する

1日にやるべき作業を、あなたはどうやって管理していますか？

手帳やスマホに、「やることリスト」を書いている方も多いかもしれません。

ただ、きちんとリストアップしていても想定外のことは必ず起こります。すぐに対応しなければいけないメールが届くこともあれば、急に上司から新しい仕事を指示されることもあるでしょう。

当たり前のことですが、**「やることリスト」を書くだけで、予定の作業が終わるわ**

けではないのです。なかには、書くだけ無駄なのでやめてしまった、という人もいるかもしれません。

効果的な「やることリスト」とは、リストの予定が確実に「行動に結びつく」ものであること。「行動に結びつく」とは、あなたがなまけそうになったとき、予定外の行動をしようと考えたときに、**「やるべき行動がパッと頭の中に浮かぶ」**こと。

これが大事なのです。

僕自身も、「やることリスト」をうまく活用できていませんでした。

朝、必ず手帳を開いて1日のスケジュールを確認し、予定を記憶するために「やることリスト」を声に出して音読していました。そこまでしても、リストに書いてある以外の余計なことをやってしまっていたのです。

どうしたらいいのかを考えた末に、**「やることリスト」をそのまま暗記する**、という方法を思いつきました。

手帳を開いて、明日やることのリストを作ります。スケジュールに沿って、優先順位や効率的な順番を考えながら、並べ替えていきます。

そして、そのリストを見ながら数回黙読し、その後、音読して暗記。**明日やるべきことが、パッと言えるようになったところで終える**ようにしています。

リストの暗記は、人によっては5分、10分かかる人もいるでしょう。当然ですが、明日やるべき作業が多い人ほど覚えるのは大変です。

もしかすると、予定が多すぎて覚えられない、ということが起こるかもしれません。でも、それは逆に気づきとして捉えてください。

「やることリスト」が覚えられないのは、やるべき作業が多すぎるということ。

1日は誰にとっても24時間。1日にできることには限りがあります。

ですから、本当にやらなければならないことを精査して、あなたの能力に合った「やることリスト」を作るのが重要なのです。

☑「次にやることが頭にパッと浮かぶ」境地

「暗記する時間や労力が無駄じゃない？」

「忘れたら見返せばいいじゃない」

こんなふうに感じる人がいるかもしれません。

でも、少しくらい時間をかけても、絶対に無駄にはなりません。僕が実際に暗記してみると、「やることリスト」を音読していただけのときとは違う効果が出てきました。「やることリスト」に書いてある作業を1つ終えると、「次はこれをやるんだな」と、次の作業が頭にパッと浮かぶのです。自然に浮かぶので、無理なく次の作業に取りかかれます。**思い出しやすい記憶は、脳が「重要事項である」と解釈するため、行動に移しやすくなる**のです。

作業効率もグンとアップし、「やることリスト」の暗記に時間をかけても十分にお釣りがくるほどの成果です。

カメラつき携帯電話が広まった2000年頃から、日本人の記憶力は著しく低下した、と僕は強く思っています。どんな情報も携帯に簡単に記録しておくことが可能になり、自分の頭で記憶することが少なくなっていったからです。

電話番号は、アドレス帳に入れておけば覚える必要がなくなりました。漢字でさえも、文字変換が教えてくれます。

便利な物が登場したことで、失った物はけっして少なくないはずです。むしろ、便利な物があるために、仕事の効率が落ちることさえあるのです。

たとえば、インターネットで簡単に調べ物ができる反面、仕事中にもかかわらずネットサーフィンに没頭して、時間を無駄に使ってしまう人も増えています。

ですから、あえて便利なスマホやパソコンに頼らず、自分の頭で**「やるべきこと」をしっかりと記憶しておく**ことが大切なのです。

もちろん、記憶が怪しくなったら、「やることリスト」を見直してもかまいません。改めて頭の中に刻み込めばいいのです。

「やることリスト」を暗記するもう1つの利点は、**作業の全体像がつかめる**こと。

今日はどんな作業を終わらせることができたかが、頭の中で一瞬でわかるようになります。すると、「今日はこれだけの仕事を終わらせることができた。よし！」と達成感が生まれてきます。**その達成感が、翌日のモチベーションへと変わっていく**のです。

「やることリスト」を前夜に見直し、優先順位をつけたり、効率的に達成できる順に並べ替えて暗記する。ぜひ、今日からやってみてください。

本当に仕事がサクッと終わるようになりますよ。

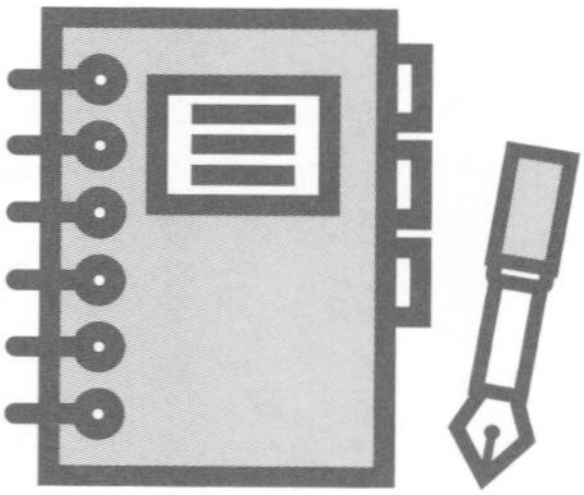

5章

人間関係が
毎日、うまくいく
「意外な解決法」

19

あいさつは「必ず自分からする」

素敵な自分になる法

☑つまらないお世辞より「相手の名前を3回言う」

初対面の人とのコミュニケーションにおいて、大切なポイントが2つあります。

1つ目は、**自分から先にあいさつをする**こと。

これは、「先に行動した者(あいさつした者)が主導権を握る」という法則にのっとり、僕が心がけていることでもあります。

2つ目は、相手の名前を呼ぶこと。

一度の会話の中で相手の名前を最低3回呼ぶと、あなたの印象を強く残すことが可能になります。

たとえば、こんな具合です。

自分があいさつをして、相手があいさつや自己紹介を返してくれたら、

「はじめまして。ＤａｉＧｏと申します」

「○○さんですね」

「○○さん、どうぞよろしくお願いします」

と、相手の名前を復唱して返します。

さらに、その後の会話の中でも、

「○○さんはどう思われますか？」

「○○さんのアイデアは面白いですね！」

相手の名前を３回以上入れて呼びかけるようにします。

すると、名前を呼ばれた相手は**あなたに注意を払ってもらった**という気持ちになり、相手のあなたに対する好感度も高くなっていくのです。

相手の名前を繰り返し呼んでいると、あなたの記憶にも、その名前が強くインプッ

トされます。

世界で累計1500万部以上売れたベストセラー『人を動かす』(創元社刊)の著者、デール・カーネギー氏も、名前を覚えること・呼びかけることの重要性について、次のような内容を語っています。

「人間は他人の名前などいっこうに気をとめないが、自分の名前になると大いに関心を持つものだ。自分の名前を覚えていて、それを呼んでくれるということは、まことに気分がいいもので、つまらぬお世辞よりもよほど効果が上がる。逆に、相手の名前を忘れたり、間違えて書いたりすると、やっかいなことが起こる」

多くの人がもっとも興味を持っている単語は「自分の名前」です。

相手の名前をたくさん呼びかけるとは、つまりは、相手が好きな単語を連呼することになります。すると、当然のように、相手はあなたに対して好印象を抱きます。

また、あなたが名前で呼びかけていると、相手は自然に自分の話をしはじめるという面白い現象も体験するはずです。

自己開示をしてくれる確率が高くなるのです。

ぜひ、次のように実践してみてください。

◎「ありがとうございます！」→「○○さん、ありがとうございます！」

◎「御社ではいかがですか？」→「○○さんの会社ではいかがですか？」

このように、相手の名前を頭につけて、普通に会話をするだけです。それだけで、初対面でも相手の心をグッとつかむことができますよ。

20
「他人の長所」を見つけると「自分の長所」が増える
人から好かれる法

☑「第三者を通して人を褒める」習慣——ウィンザー効果

お酒を飲みながら、仕事や家庭の愚痴や文句、人の悪口を言う人がいます。愚痴や文句、人の悪口といったネガティブな発言をした本人は、ストレスを発散した気分になっているのかもしれません。

ですが、あなたがネガティブな言葉を口にすればするほど、あなたの評価は下がっていきます。それを知らずに口にしているとしたら、とてももったいないことです。

たとえば、僕がAという人のことを、こんなふうに悪く言ったとしましょう。

「あいつは仕事ができなくて、想像力も乏しい。金遣いが荒いだけじゃなく、人の扱いも荒いんだ。サイアクなヤツだよ」

僕からすれば、これはAに対するネガティブな評価です。

ところが、聞き手の心の中では、Aに対するネガティブな評価がすべて、僕のイメージにすりかわってくるのです。

つまり、「仕事ができない。想像力が乏しい。金遣いだけでなく、人の扱いも荒い。サイアクな人間」とAを批判したネガティブな評価は、その話をした僕自身のイメージにオーバーラップしてしまうのです。

なぜなら、**聞き手の目の前で話しているのはAではなく、僕だから**です。

話し手の口から出る情報がネガティブだと、**話し手の印象もネガティブなものとして、聞き手の脳にインプットされてしまう**のです。

ですから僕は、日頃からネガティブな言葉を使わないように気をつけています。

それだけでなく、ネガティブな言葉を口にする人とは、なるべく距離をとってつき合うようにしています。同席しているだけで、僕自身もまたネガティブな影響を受けてしまうからです。

口にするならネガティブな内容ではなく、ポジティブな内容。どんなことに対しても**「褒めポイント」**を見つけることが大事です。

誰かが愚痴や文句、人の悪口を言ったときは、その話に乗っかることなく、歯が浮くほどでもかまわないので、できるだけポジティブな言葉を積極的に口にすることをおすすめします。たとえば、

◎「でも、あの人って太陽のように明るくてステキだよね」
◎「誰も思いつかないようなアイデアを提案してくれるから、刺激になるよ」
◎「いつも丁寧で完璧な仕事をしてくれる。僕は助けてもらっているね」

というように。

ネガティブな話と同様にあなたが褒めた他人のポジティブなイメージも、**ポジティブな言葉を口にしたあなたのイメージにすりかわる**からです。

また、褒め言葉には興味深い効果があるのをご存知でしょうか。人を褒めるときは、

直接本人に伝えるよりも、第三者を介してその人の耳に入ったほうが、その情報の信憑性がグッと高まります。

レストランのシェフが自分の料理を「おいしい」と評価しても、どこか疑ってしまいますよね。ですが、その料理をシェフ以外の多くの人が「おいしい」と噂していれば信じます。

これを、心理学では「**ウィンザー効果**」と言います。

ちなみに、ウィンザー効果という名前は、アメリカの作家アーリーン・ロマノネス氏のミステリー小説『伯爵夫人はスパイ』に登場する人物名が由来になっています。小説に登場するウィンザー伯爵夫人が「第三者の褒め言葉がどんなときにも一番効果があるのよ、忘れないでね」と言ったことから、ウィンザー効果と呼ばれるようになったそうです。

あなたが直接、部下や同僚、友人を褒めるよりも、第三者の口から「○○さんが、あなたの仕事は丁寧で完璧だって褒めていたよ」と伝えたほうが、その人の心に深く刺さるのです。

私たちは、その場にいない誰かのことを手放しで褒めている人を見ると「この人は、もしかすると**自分のいないところでも自分のことを褒めてくれているかも**」という期待値が上がります。

逆に、つねに他人をネガティブに評価している人を見ると、「自分のことも絶対に影で悪く言っているんだろうな」と感じます。

ですから、何に対しても、誰に対しても〝褒めポイント〟を見つける。

そして、それを第三者に話すことは、いい結果しか呼ばないのです。

☑ 人の長所を探す効果——「自分の長所」まで見つかる

さらに、人や物事に対してポジティブな側面を見つけるようにしていると、こんないいこともあります。

自分自身のネガティブな側面ではなく、ポジティブな側面に目を向けられるようになるのです。

人間の脳には、**行動を反復すると脳の持つ能力や効率性が高まる**という特性があります。本をたくさん読めば読書のスピードは速くなりますし、速いボールを見る訓練を反復すれば、動体視力が鍛えられます。

脳がその作業にどんどん慣れて、より速く、正確にできるようになってくるのです。

こうした脳の特性のため、人のあら探しをしたり、ネガティブな側面ばかりを見つけてくる人は、自分自身や自分の家族、友人に対しても、ネガティブなことばかり目につくようになります。そうなれば、人生に対する満足度が下がるのは必然です。

心当たりが少しでもあるなら、**自分の人生を台無しにしているのは、あなた自身であること**を自覚するべきです。

私たち日本人は、文句や批判、嫌味など、ネガティブなことを発言させたらとても上手です。ところが、褒めることはまだまだヘタクソです。

でも、自分の周りにいる人を褒めたほうがあなたの人生は絶対的に楽しくなりますし、コミュニケーションも圧倒的にうまくいきます。周囲の人々もあなたと仕事をすることが励みになっていきます。

あらゆることに〝褒めポイント〟ポジティブな側面を見つける訓練を、ぜひ毎日、意識して行なってみてください。

21 あなたの人生に影響を与える「150人」

人間関係に恵まれる法

☑「友だちは多いほうがいい」という幻想

「SNS」がすっかり浸透し、日本国内だけでなく、世界中の人々とつながることが、とても簡単な時代になりました。

たとえば、ツイッターなら、自分に何人のフォロワーがいるか公開され、赤の他人に知らせることができます。

フォロワーが3人だとちょっとカッコ悪いですが、1000人を超えていればずいぶん広いネットワークを持っている印象になります。

僕が大学生だった2000年代中頃は、まだスマートフォンが登場する前の時代です。折りたたみ式の携帯電話、俗に言う「ガラケー」が使われていました。

当時のガラケーのアドレス帳は、最大1000件でいっぱいになってしまうため、複数のガラケーを持っている友人もいました。フォロワー数やアドレス帳の件数が多いということは、それだけ友人が多いということ。

おそらくほとんどの人は、友人は多いほうがいい、と考えていると思います。

はたして現代において、本当に友人は多いほうがよいのでしょうか。

イギリス、オックスフォード大学で進化人類学の教授を務めるロビン・ダンバー氏による、こんな研究発表があります。

「人間を含む霊長類が、親密なグループ（群れ）を築くとき、その規模は、大脳皮質の大きさに関係する」

つまり、人間の大脳皮質のサイズなら、**安定した関係を維持できる人数は、約150人が限界である**、というのです。

150人というのは、単なる顔見知りの数を指すのではありません。コミュニケーションによって、何かしらの影響を与え合うことができる人数の限界が150人なのです。

悩みを打ち明けられる、何かあったときに力を貸し合える、そんな密な関係になると、人数はもっと限られ少なくなるでしょう。

つまり、友人がどれだけいたところで、密接なやり取りができるのは150人くらいが限界なのです。

この理論を突き詰めて考えると、友人は多ければ多いほどいいわけではない、ということがわかります

有効な人間関係を築きたいなら、**人数ではなく「誰とつき合うか」が重要**です。

コミュニケーションによって、あなたが直接的な影響を与えられるのは、約150人。だとすると、人間関係をとにかく有効なものにしたい、うまく拡大したいと考えるなら、「この人とつき合ったほうがいいのかどうか」を、ある程度合理的に考えていかなければいけません。

つまりは、自分にいい影響を与えてくれる150人を集めることが大事なのです。

☑「最高の150人」と確実に出会える法

では、どんどん増えていく人間関係はどうしたらいいでしょう。

僕はテレビにときどき出演していますし、本も書いていますし、起業もしていますし、企業のコンサルタントもしています。放っておけば人間関係は無限に広がっていくと思われます。でも、そんなことにはなりません。

僕は、人間関係を意識して絞っているからです。

人間関係は、うまくリセットする必要がある——。

人間関係をリセットしないと、新しい人間関係は構築できません。ですから、人間関係は、適度に小さくしておくほうがいいと思います。

クローゼットの服を思い浮かべてください。あなたのクローゼットから、今持っている服の半分がなくなったらどうしますか?

お気に入りの服が急になくなってショックかもしれません。なくなるならもっと着ておけばよかった、と後悔するかもしれません。ですが、しばらく経てば買い物に行って新しい服を買い揃えることでしょう。

人間関係についても同じように、僕はわりとドライに捉えています。

人間関係をリセットするために、携帯電話に登録してある人たちの連絡先を意図的に消してみるのです。

すると、相手から連絡がこない限り、自分から連絡できる人が少なくなります。自分から連絡したり、つき合う人の数が少なくなれば、今までよりも時間ができます。

その時間で、また新たな人間関係に出会うことができます。

つまり、**古い人間関係がリセットされると、新たな関係性を作る余裕が生まれる**のです。それを繰り返すことで、ギュッと濃い関係だけが残っていきます。

とはいえ、人間関係をリセットすることに恐怖心がある人も多いと思います。アドレスを消すことにも抵抗があるかもしれません。

それなら、**あなたから連絡を取る人を限定してみてください**。

あなたから連絡を取ると決めた30人ないしは50人とは、積極的に連絡を取り合い、会って話してください。逆に、それ以外の人とは距離を置くようにします。飲み会や食事、仕事の誘いがあっても「今、どうしても仕事が忙しくて……」などと、失礼のないように断ります。

かくいう僕自身も、人からの誘いを断るのには勇気がいります。

誘いを断ったら嫌われてしまうのではないだろうか。もう二度と誰からも誘われないかもしれない。そう考えると、乗り気ではない誘いを受けてしまうこともあります。

でも、時間は有限です。

すべての誘いに答えられるはずがありません。そもそも、出会った人全員に好かれることは不可能なのです。新しい出会いを作る余裕がなく、面倒くさい関係だけが残っている。あなたはそれで本当に幸せですか？

人間関係で苦労する必要などありません。

持っていて困る人間関係なら、ないほうがずっといいのです。既存の人間関係に依存していても、どんどん不自由になっていくだけです。

人間関係は数ではありません。

質の高い関係性を積極的に開拓していくことが大切なのです。

22 数年に数回しか会わない人に「意外な情報」がある

人脈を広げる法

☑「誰を知っているか」でなく「誰に知られているか」

人脈を広げるために、あなたはどんなことをしていますか？

もしくは、どんなことをしようと思っていますか？

異業種交流会などに出向き、張り切ってさまざまな人と名刺交換をする人も多いでしょう。自分の名刺を配り、相手から名刺をもらい、いかにたくさんの人と名刺交換できるかを目標にしているかもしれません。

自分にとって「すごい人物」と会い、名刺を交換できたことが嬉しかったのでしょうか。これ見よがしに、名刺を飲み屋のテーブルの上に並べている人を見かけたことがあります。

「こんな人とも名刺交換したんだぜ。すごいだろ」

そんな感じでしょうか。

ですが、現実は残酷です。

本当に近しい相手、もっと言えば、ビジネスパートナーと呼べるほどの仲になれていたら、その人の名刺をわざわざ並べたりするでしょうか。

つまり、名刺を並べるという時点で、一緒に仕事ができるレベルの関係ではないことが露呈してしまいます。

名刺を配って人脈を広げるのは、正直、簡単なことではありません。

人脈とは、そもそも「**誰を知っているかではなくて、誰に知られているかで決まる**」のです。

ですから、名刺を渡した相手が、**あなたの名刺をどう扱っているか**（連絡してくるのか、奥にしまい込まれているのか）、のほうがはるかに重要です。

☑「解決できない問題」がなくなるリコネクション能力

広い人脈を持つ人の中には、「リコネクション」という素晴らしい能力を活用している人がいます。

リコネクションとは、読んでそのまま「リ（再び）・コネクション（つながり）」。再びつながることを意味しています。

一度会った人の名前、顔、特徴。どういう仕事をしているか、興味のあるものは何か、好きなものは何か。人の情報を一瞬にして記憶し、必要に応じて適宜記憶から引っ張り出せるのが、リコネクション能力です。

僕の事務所には、リコネクション能力の高いスタッフが一人います。

5年くらい会っていない人でも、名前と顔が思い出せるだけでなく、どういう仕事をしているか、どんな性格か、趣味や食べ物の好き嫌いまでをおおよそ覚えています。

リコネクション能力が高い人は、人脈の使い方も非常にうまいもの。たとえば、仕事に問題が生じたとき、すぐに問題解決できる人物を思い浮かべることができます。

「あの人に頼んだら、解決してくれるな」

そうして連絡を取れれば、一人では解決できない問題に悩み続けることがなくなります。ほかにも、新しい事業をはじめるときや、新しい企画を思いついたとき、

「あの人は、こういう事業に興味を持っていたな」

「仕事を依頼したら、一緒にビジネスができるかな」

思い浮かんだらすぐに連絡することで、動き出しが圧倒的に速くなります。

スタンフォード大学の社会学部教授、マーク・グラノヴェッター氏は、1973年に**「弱いつながりの強み」**を提唱しました。

ビジネスマン282人を対象に、どのネットワークを使って現職を得たのかを調べたところ、日頃連絡を取っている身近なつながりではなく、**数年に数回しか会わないような弱いつながりからの情報が参考になった**、というのです。

たとえば出会ってから3年、5年経っていれば、相手も成長しています。

あのときとは、まるで違う世界を見ています。そんな成長した人とまたつながることができたら、その人の数年間の成果ともつながることが可能になります。

不思議なもので、新しく価値ある情報は、親しい人より、たまにしか会わない人が持っていることのほうが多いのです。リコネクション能力を高め、「いつでも連絡できる」人間関係を作ることが、仕事も人生もうまくいくポイントと言えます。

☑ 人脈が広がるSNSの「意外な使い方」

リコネクション能力を高めるためには特殊な才能が必要に思えますが、意外に簡単です。

記憶力に自信がなければ、一度会った人のSNSをフォローしておきます。相手の投稿を見て、名前や写真、特徴を記録しておけば、記憶力だけに頼らずに済みます。

また、文字どおり人と再びつながるリコネクション能力を高めるには、**怖じ気づかずに連絡を取る勇気も必要**になってきます。

少し練習をしてみましょう。

まず、連絡先を交換したけれど連絡したことのない人、あるいは最近はほとんど連絡していなかった人を選んでください。そして、その人に1週間に1回でもいいので、電話をするか、メールやＳＮＳなどでメッセージを送ります。

最近のＳＮＳには、あなたが登録している電話番号やメールアドレスをもとに、「友達ではありませんか？」と自動で通知をしてくれる機能がついています。その機能を活用して、つながっていない相手に自分からメッセージを送ってみるのもいいと思います。

電話での会話なら5分、10分程度の雑談、ショートメッセージなら2、3回のやり取りを介して、会話を続けてみましょう。

「久しぶり、元気？」

「最近、どんなことをしているの？」

「自分は最近こういう仕事をしているんだ。ちょっと相談してもいい？」

もしくは、「今度、飲みに行こうよ」や「引っ越して近くに来たんだ。今度、会おうよ」と誘うのもいいでしょう。

連絡したけれど不在だった。あるいは、メッセージを残しても折り返しの電話がこなかった、そんなときは、どんどん別の人に連絡をしてください。

あくまでもリコネクション能力を高める練習です。

連絡が取れる人とだけ話ができれば、それでかまいません。

知り合いから「久しぶり」と連絡がくると、なかには「何か変なことに誘われるんじゃないか?」「何か売りつけられるのではないか?」と疑う人も多いようです。でも、あなたにそんな意図はありません。堂々と連絡をして、普通に話してください。

相手の近況に興味を持ち、情報交換をして、会話は終わりです。

とくに何かをお願いしなくてもかまいません。ここでは「再度つながるために連絡をする」ということが大事なのです。リコネクション能力を高めるには、フットワーク軽く、すぐ誰かに連絡するというクセをつけることが重要です。

相手とのつながりをもう一度深める。

そんな「リコネクション能力」を高める練習をぜひやってみてください。

23 あなたの人間力が「試される場面」

「人の上」に立てる法

☑部下の能力を引き出せないのは上司の責任

家庭でも職場でも、人の失敗を目にすることがあると思います。失敗したのは、あなたの子どもや家族かもしれません。もしくは、職場の同僚や部下かもしれません。人の失敗を目にしたとき、その失敗をとがめてしまったり、責任を問いつめてしまったことはありませんか?

ついやってしまいがちなことですが、人間には誰にでも自尊心があり、誇りがあります。たとえ子どもでも同じです。失敗をとがめられ、自尊心を傷つけられたら反発し、責任を問いつめられたら面白くないと感じます。大人だったらなおさらのことです。

人の失敗に直面したときこそ、あなたの資質が露呈します。

たとえば、自分の部下が取引先との交渉に失敗したとしましょう。

僕だったら、こんなふうに切り出します。

「正直に言うと、僕も似たような失敗をしたことがあるんだ。だから、けっしてあなたに偉そうなことを言える立場じゃない」

そして、次のように続けます。

「でも昔の僕と比べたら、あなたはよくやっていると思う。だから、もう少し細かく裏づけデータを作って交渉すると、もっと説得しやすくなると思うんだけど」

あなたが僕の部下で、失敗した後にこんなふうに言われたら、あなたの自尊心は傷つくでしょうか?

ポイントは、あなたの経験の中から**似たような過去の失敗を打ち明ける。その後で「こうしたらいいよ」とアドバイスをする**ことです。

人の失敗をこれ見よがしにとがめたり責めたりする人は、未熟な人間です。人の失敗をとがめることで、自分は完璧、あなたより有能だとアピールしているのです。

未熟な人であればあるほど、グチグチと文句を言い続けることでしょう。

どんな人にでも「初めてのとき」や「うまくできなかった時期」があるはず。だとしたら、失敗したときの人の気持ちがわかって当然です。

あなたの**部下が同じ失敗を繰り返さないよう、効果的にアドバイスをするのは上司の役目**です。もしも、期待するほど部下が結果を出さないとしたら、上司の能力が足りないのです。

それが理解できない人は、人の上に立つ資格はありません。一番下っ端からやり直したほうがいいとさえ思います。

☑ DaiGo流「相手の懐に入り込む」コツ

相手が子どもでも、効果的なアドバイスの方法は変わりません。

僕は、ときどき高校生を対象に講演をすることがあるのですが、彼らは少しでもつまらないと感じると、途中で話を聞かなくなります。近くの友人と話しはじめたり、居眠りをしたり……。でも、その行為をとがめたり責めたりするのは、逆効果です。

以前、講演中に集中力が欠けはじめた生徒たちにこんな話をしました。

「みなさん、どうぞラクな姿勢をとってください。僕が高校生だったとき、今みなさんがしている体育座りが原因で教師とケンカをしたことがあります。体育座りって、長時間続けているとツライですよね？　でも、みなさんはもうずいぶん長い間、座っている。すごいと思います」

教師とケンカになったという、過去の失敗談を伝え「**みんなは当時の僕よりもすごい**」と認めます。その後でアドバイスをしました。

「体育座りではなくラクな座り方にすれば、もっと集中して話が聞けるようになりますよ」

事実、体育座りは人の話を聞く姿勢としてふさわしくありません。

体育座りのように、体を小さく縮めるポーズは相手を服従させるポーズです。そのポーズでいるだけで相手の主体性がなくなっていきます。さらに、横隔膜がうまく動かなくなるため、呼吸がしづらくなります。結果、脳に酸素が十分まわらなくなり、集中力まで減ってしまうため、積極的に話を聞けなくなるのです。

つまり、「体育座り」で「話をちゃんと集中して聞け」というのは、矛盾したことなのです。そんな理論を生徒たちに話し、さらにこう伝えます。

「大人は間違えることもあるけれど、ときどきはちゃんと正しいことも言っています。だから、大人の話はよく聞いて、そして自分の頭でもきちんと考えること。正しいこと、ちょっとおかしいなと感じること、それを自分自身の頭で考え、調べ、判別することが大事なのです」

ここまで話すと、生徒たちの興味を失うことなく、自分の判断力を磨くことの大切さまでアドバイスすることが可能になるのです。

人の失敗をとがめたり責めたりするだけなら、誰にでもできます。ただ文句を言えばいいだけですから。ですが、それでは失敗した人に効果的なアドバイスをすることができません。

まず、**自分の過去の失敗を打ち明ける。そうして相手の懐に入り込み、その人が二度と失敗しないようにアドバイスをする**——人が失敗したときこそ、あなたの「**人間力**」が試される場面なのです。

24

「ギブ&テイク」でなく「ギブ&ギブ」が得をする

チャンスを増やす法

☑ 一番損するのは誰?——「ギバー」「テイカー」「マッチャー」

理想的な人間関係とは、どのようなものだと思いますか?

「ギブ&テイク」の関係だ、と思っている人は多いかもしれません。

「ギブ&テイク」とはお互いに与え合うこと、奉仕し合うこと。譲り合い、持ちつ持たれつの関係であること。つまり、公平であることを意味しています。

一見、理想の人間関係に見えますが、僕のおすすめは違います。僕のおすすめは、**「ギブ&ギブ」——とにかく人に与えまくる人間関係**です。

人間には、おおまかに分けて3つのタイプがいます。

①ギバー／Giver　自分が受け取るよりも、相手に多く与えるタイプ
②テイカー／Taker　相手に与えるよりも、自分が多く受け取りたいタイプ
③マッチャー／Matcher　相手に与えるのと同じように、自分も受け取りたいタイプ

実は、長期的に見たとき、この中で**得をするのは「ギバー」**だけです。

受け取るばかりの「テイカー」は、最初の段階では得をします。

ですが、次第に「あの人って、受け取るばかりで何もしてくれないよね」と思われ、
結果的に、人間関係は短期的なものになります。

つまり、最初は得をするかもしれないけれど、最後には損をするタイプ、それが「テイカー」です。

「ギブ&テイク」を心がける「マッチャー」は、一番よさそうに見えます。実際、多くの日本人が心がけているのもこのタイプです。ですが、こんな落とし穴があります。

「マッチャー」の思考を文字にしてみましょう。

「私がこれを与えたら、あの人は何を返してくれるだろう」

「マッチャー」は、自分が与えることだけでなく相手からの見返りもつねに計算しています。それを計算する時間が必要なので、行動や判断が一歩遅くなります。その結果、チャンスを逃してしまうことになるのです。


では、そのチャンスは誰がつかむのか。

もっともチャンスをつかむことができるのは、「ギバー」です。

なぜなら「ギバー」は先のことなど考えず、相手に与えられることを瞬時に選択するからです。

つまり何事においても、**もっとも速く動けるのが「ギバー」**。「ギブ&ギブ」を心がけるだけで、行動は速くなり、何より人から信頼されるようになるのです。

☑ 一石二鳥どころか「一石五鳥」の人間関係

「ギブ&ギブ」の人間関係で大切なのは、人に与えるのは、物やお金ではないという点です。

物やお金が余りすぎているならかまいませんが、人に与えすぎて自分の生活ができなくなっては元も子もありません。与えるものがなくなったら、人間関係さえも終わってしまいます。

そこで、**あなたの得意なことで他人に貢献する**のです。

他人に貢献できたことを実感できれば、あなたの自尊心が高まります。人に貢献して信頼されれば、仕事につながる可能性も上がります。もちろん感謝もされるでしょう。一石二鳥どころか、四鳥、五鳥くらいになって、返ってくるのです。

もし感謝が返ってこなかったり、メリットを感じられなかったらどうするか。そんな心配をする人がいるかもしれません。でも、さきほど言ったように返ってこなくてもいいのです。

「ギブ」とは与えることです。他人に貢献することが何より大事なのです。

心理学の概念に「イデオシンクラシー・クレジット」というものがあります。

「イデオシンクラシー」とは個人特有の特質や特異性、「クレジット」は信用のこと。

つまり、**「個人的信用の貯蓄」**と考えてください。

あなたへの信用は、貯金のように少しずつ時間をかけて積み上げられていく、という考え方です。

たくさんの「ギブ」をしている人は、「個人的信用の貯蓄」が積み上げられています。積み上げられた「個人的信用の貯蓄」が多い人ほど少しぐらい失敗をしたり、相手の気に触ることを言ってしまっても、「貯蓄」の分だけ、いい方向に、解釈してもらえるというわけです。

あなた自身のためにも、たくさん「ギブ」しておいたほうがいいのです。

最後に、「与えるばかりでは損をする」という考えから逃れられない人のために、こんな提案をしておきます。

相手に「貸しを作る」と考えてみてください。

人にたくさん「ギブ」していれば、相手に気を遣うことなく大胆に行動できるようになります。

人は与えられるものが多くなると、「受け取ってばかりだから何か返さなくては」

と負い目に感じます。でも、人にたくさんのことを与えていればそれが自信となり、人にどう思われているかなど考える必要がないのです。

いかがでしょう?

「ギブ」に背中を押されて、小さなことをいちいち気にすることなく、思い切って行動してください。そういう意味でも、「ギブ&テイク」ではなく、「ギブ&ギブ」の人間関係を作ることがすごく大事なのです。

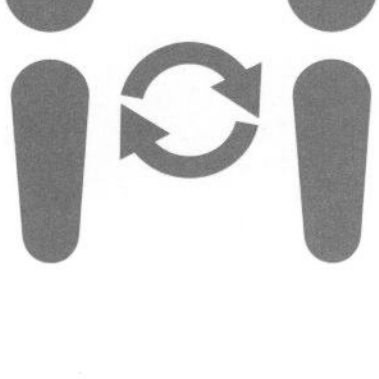

25

人間関係は「ピラミッドと同じ」と考える

自分のステージが上がる法

☑「成功する転職、失敗する転職」の分岐点

就職して3年から5年もすると、仕事にもずいぶん慣れ、さまざまなことが見えてくるようになります。

「辞めたい」「転職したい」と多くの人が感じはじめるのは、この頃からです。その理由のほとんどは、ごく単純。「**仕事が嫌だから**」というものです。

ところが、「今の仕事を辞めて何をしたいの?」と聞くと、答えが出てきません。

今の仕事が「ツライから辞めたい」。そう漠然と考えている人は、次の職場に行っ

ても絶対に同じ場面で、「ツライから辞めたい」と考えることになるでしょう。

つまり「仕事が嫌だから」という理由も、本当は仕事そのものに問題があるわけではありません。自分自身の短所——こらえ性がない、飽きっぽい、良好な人間関係が築けない——が原因である可能性が高いのです。

大事なのは、転職するなら、やりたいことを見つけてから辞めること。**逃げるのではなく、手に入れるために辞める**のです。

自分のやりたいことは何なのかを考えた後、それを実現するためには、今の仕事が障害になったり、役に立たなかったりする。または、将来のスキルアップのために違う仕事につきたい。このような場合は、すぐにでも辞めたほうがいいでしょう。

ところが、目の前のことから逃げるために辞めたいと考えるなら、転職してもうまくいきません。

良好な人間関係が築けないと悩む人も多いかもしれませんが、僕は、**人間関係はピラミッドと同じ**だと考えています。

アメリカの高名な心理学者であり、人間心理学の生みの親とされるエイブラハム・

マズロー氏。彼によって提唱された、ヒエラルキー・オブ・ニーズ「**マズローの5段階欲求説**」というものがあります。

マズローは、人間の欲求を5段階の階層で理論化しました。

第1段階　生理的欲求
第2段階　安全の欲求
第3段階　所属と愛の欲求（社会的欲求）
第4段階　承認の欲求（尊厳欲求）
第5段階　自己実現の欲求

このように、人間の基本的欲求は「5段階のピラミッド」になっていて、第1段階の欲求が満たされると、第2段階というように、1段ごとに次なる欲求が現れてくると説いています。

人間関係でうまくいかないときは、まず自分自身がどの段階にいるのか、探求してみるといいでしょう。

☑ジャングルに暮らす5人の人物――あなたはどのタイプ？

マズローはまた、「人間とは自己実現に向かって絶えず成長する生きものだ」とも説いています。

この理論を踏まえて自分の人間関係について考えてみると、**よりレベルの高い人々とつき合うには、自分が成長しなければいけない**ことがわかると思います。

もしもあなたが、今の職場で周りの人と合わないと感じるなら、周りの人とあなたのピラミッドの段階が違うのかもしれません。彼らが求めていることを、あなたが受け入れられないのかもしれません。

そのことをより深く説明するために、マズローの引用にある「ジャングルで暮らす人物」という挿話を紹介しましょう。

ここに、ジャングルで暮らす人物が5人（A～E）います。

Aは、危険なジャングルで数週間暮らし、ときどき食べ物や飲み水を見つけては飢えをしのいでいます。

Bは、ただ生きているだけではなく、ライフル銃を持ち、中から閉められる扉のついた洞穴の隠れ家で暮らしています。

Cは、右記のものをすべて持つとともに、一緒に暮らす2人の男がいました。

Dは、食べ物や隠れ家のほかに、親友と一緒に暮らしています。

Eは、右に掲げたものをすべて持ち、しかも彼は集団のリーダーとして、みんなから広く尊敬されています。

単に生き延びているだけのAは、「生理的欲求」を満たす第1段階にいます。

そしてBは、より安全な環境である第2段階「安全の欲求」を満たしています。

その第2段階が手に入ったなら、Cのように「集団に身を置きたい」と考える第3段階「所属と愛の欲求」を考えるようになります。

言ってみれば、お金を稼ぐという欲求においても、あなたと職場の同僚や上司とでは目的が違います。その目的が周囲の人とあなたとで、あまりにも違いすぎるとしたら、あなたはおそらく「合わない」と感じるでしょう。

ですから、**自分の能力をさらに高める、またはチャンスを手に入れることによって、あなた自身がいるべき場所に行かなければいけない**のです。あなたがいるべき場所とは、あなたが求めるピラミッドの段階を共有できる場所です。

まず自分の現状を把握し、「今の自分は、この段階の人たちとは合わない」ということを認識してください。そして自分を成長させることで、あなた自身がいるべき場所に行ってほしいと思います。

6章

脳力を最高に高める「意外な解決法」

26

あなたを最強にする「朝10時までの散歩」

無敵になる法

☑朝の散歩が「判断力」「自律神経」「発想力」を高める——これだけの理由

健康のための運動というと、ジョギングを想像する人が多いようです。

もちろんジョギングも悪くはありませんが、僕のおすすめは違います。

僕のおすすめは、**朝の散歩**です。

ジョギングよりもラクですし、何より朝の散歩にはいくつか素晴らしいメリットがあります。早速、具体的に説明しましょう。

朝の散歩のメリット① 判断力がアップする

歩くと心臓と肺の活動が活発になり、体内の血液がどんどん循環します。血液だけでなく、新鮮な酸素も体のすみずみに巡ります。

思考や自発性をつかさどる脳の前頭葉にも、新鮮な血液や酸素が送り込まれます。すると、バラバラに存在していたいくつもの脳細胞が神経線維によってつながり、思考力、注意力、意欲などが上昇するのです。

ですから、**考えごとをするときこそ歩く**――散歩をおすすめします。

2016年に、アメリカの中西部にあるアイオワ州立大学が、ある実験をもとに、歩くことがメンタルに与えるメリットを発表しています。

その実験では、数百人の学生を3つのグループに分けました。

実験時間はいずれも12分間。1つは、キャンパスの建物の間を歩くグループ。もう1つは、キャンパスの建物の室内を目的なく自由に歩くグループ。最後は、先の2つのグループが行なったのと同じ建物の外の写真と校内ツアーの動画を見るだけのグループ。その後、全グループの気分や心の変化をチェックしました。

すると、歩くツアーに参加した2グループの学生のほうが、**ポジティブな気分が上昇し、自信、活力、注意力もグッとアップ**した、という結果が出たのです。

考えなければならないこと、判断しなければいけないことがあるときは、脳が活発に活動している午前中に歩きましょう。判断力がアップするので、一番いい結論を出すことができます。

朝の通勤の途中に、ひと駅手前から歩くだけでも効果的ですよ。

朝の散歩のメリット② 体脂肪を効率的に燃やす

散歩のような軽い運動を行なうことで、体脂肪を効率的に燃やすことができます。

また、朝の太陽の光を浴びることで、「肥満遺伝子」とも呼ばれるタンパク質「BMAL1（ビーマルワン）」が減少します。

肥満遺伝子といわれるように、BMAL1は、エネルギーを脂肪細胞にため込もうとする働きを持っています。そのため、体内にBMAL1が多いときに食事をすると、太りやすくなります。

体内のBMAL1量は24時間一定ではなく、日中は減少し、夜間に増加します。**朝**

しっかりと太陽の光を浴び体内時計を整えることで、BMAL1が無駄に増えることがなくなります。

ちなみに、散歩をするなら緑の多い場所がおすすめです。

アメリカのイリノイ大学の心理学者、アンドレア・タイラー氏らの研究によれば、「緑に囲まれた場所に身を置くと、発想力がぐんぐん高まる」とのこと。研究の対象は子どもたちですが、緑の多い環境に住んでいる子どもたちは、そうでない子どもたちに比べて、2倍の発想力、遊びの創造性が見られたのです。

朝の散歩のメリット③　セロトニンが分泌される

太陽の光を浴び、適度な運動をすると、脳内で「セロトニン」という神経伝達物質がたくさん分泌されます。セロトニンが脳内できちんと機能すると、**心が安定し、幸せを感じる**ことが知られています。

また、セロトニンは睡眠とも深い関係があります。

よい睡眠をとるために欠かせない「メラトニン」は、セロトニンから作られます。メラトニンは、朝日を浴びてから約15時間後に分泌されるのですが、日中にきちんとセロトニンが分泌されていないと、夜間のメラトニン量も増えないのです。

ですからしっかりと朝日を浴び、体内時計をリセットする。そして、日中はセロトニン、夜間はメラトニンを分泌させる、という好循環を作れば、**眠りの質が高まります。**眠りの質が高まると、「寝ても寝てもまだ眠い」ということがなくなりますし、疲れがしっかりとれます。

朝スッキリと目覚め、時間を有効に使えるようになるのです。

☑明日の朝「いつもより30分早く起きてみる」意外な効果

ここまで朝の散歩の習慣をおすすめしてきました。

ただ、あなたがもともと「朝型」でない場合は、少し注意が必要です。

朝型でない人にとって、朝の散歩は、クライテリア（基準）の高い「大きな習慣」です（25ページ参照）。いきなり新しい習慣を身につけようとして何度も挫折をしてしまうと、朝にネガティブなイメージがついてしまいます。

「朝は挫折する時間」と、脳に条件づけができてしまうのです。

朝に対して負の条件づけがされてしまうと、夜型になっていく一方です。夜遅くまでダラダラと仕事をしたり、漫画を読んだり、ゲームをしたり……。そうした夜型の習慣のために、朝早く起きられなくなるという負のスパイラルに陥ります。

もともと朝型ではない人は、いきなり朝の散歩をするのは難しいので、ここでも「小さな習慣」からはじめてください。

「いつもより30分早く起きてみる」といったレベルでかまいません。

それも難しければ「10分早く起きる」「5分早く起きる」といった、自分が確実にできるレベルの「小さな習慣」からはじめましょう。

朝は、人生を変えるための習慣がもっとも身につきやすい時間。

朝型になれば人間は無敵になれます。ぜひ朝型の生活を心がけてください。

27

脳が最高に活性化する「10分間ウォーミングアップ」

「やる気」を全開にする法

☑「脳のウォーミングアップ」でドーパミンを出す！

仕事はもちろん、物事をサッとはじめられないとき、こんな言い訳が思い浮かんだりしませんか？

「やる気が出ないんだもん。仕方ないよね」

「エンジンがかかったら、すごいんだけどね」

「やる気エンジン」にスイッチさえ入れれば、何でもバリバリこなせると思うかもしれません。ところが、ダラダラと過ごしているだけでは、いくら待ってもあなたの「やる気エンジン」にスイッチが入ることはありません。

脳科学の研究では、「やる気は脳のエネルギー消費と大きな関係がある」ことが明らかになっています。

私たちの脳は、体重の2％程度の重さしかありません。

ですが、**体全体の20％ものエネルギーを消費**します。

エネルギー消費量の多い脳には、外からの刺激が少ないときは活動を抑制する「省エネモード」の機能がついています。

「省エネモード」にしておくことで、いざというときにフル回転できるようになっているのです。あらゆる危機を乗り越えて生き残ってきた人間にとって、生命を維持するための、とても重要で理にかなった機能です。

「やる気が出ない」という状態は、あなたの脳が「省エネモード」に入っているということ。**やる気を出すには、脳を「省エネモード」から、「通常モード」に切り替え**なければなりません。

では、どうやって切り替えればいいのでしょうか。

脳に刺激を加えること。簡単に言えば、**体を動かせばいい**のです。

体を動かすことで脳が活性化し、ドーパミンが分泌されます。ドーパミンとは、快感をもたらしたり、意欲を高めたりする脳内神経伝達物質です。ドーパミンが出ることによって「よし！　やってやろう」と意欲が湧いてきて、さらに行動できるようになるのです。

近代精神医学の基礎を築いた、ドイツの著名な精神科医エミール・クレペリン氏は、やる気について次のようなことを発見しました。

手を動かす、つまりは何か作業をはじめると、脳に「**作業興奮**」が起こります。

たとえば、面倒でやりたくないと感じていた掃除をいざはじめてみたところ、だんだん気分が乗ってはかどり出す――この感覚が「作業興奮」です。

クレペリン氏は、さらに**継続した脳への刺激を10分程度与えることで、次の行動へのやる気が出てくる**と言います。

運動をする前にウォーミングアップをしますよね。これも理論は同じです。

体のウォーミングアップと同時に、ドーパミンを出すという脳のウォーミングアップにもなっていて、本格的な運動をする前にやる気が出てくるわけです。なかなかやる気が出ない人は、10分間どんなウォーミングアップをするのかを決めておくと、スムーズに作業に取り組めます。

たとえば、勉強するなら前回の復習や簡単な計算問題を10分間行なう。運動なら、腹筋やスクワットを10分間やってみる。自分が必ずできること、やりやすいことを決めて実行してみてください。

☑階段という「思考ツール」の上手な使い方

寝不足でやる気が出ないときも、対策が判明しています。

アメリカでもっとも古い大学の1つとされるジョージア大学は、睡眠時間が1日6時間半以下の寝不足の女性18人を対象に実験をしました。

被験者の18人は3つのグループに分けられ、3日ごとに次の行動を行なうことが義務づけられました。

グループ① いつもの仕事の後に、50㎎のカフェイン剤を飲む

グループ②　いつもの仕事の後に、カフェイン剤が入っていると聞かされている、
ニセのカプセルを飲む（中身は小麦粉）
グループ③　いつもの仕事の後に、10分間階段を昇り降りする

それぞれのグループの行動が、参加者のやる気や脳機能にどんな影響を与えるかを調べたのです。

寝不足には効果的だと言われるカフェイン剤も、カフェイン剤が入っていると聞かされているニセのカプセルも、寝不足の疲れには大きな影響がありませんでした。

ところが、10分間階段を昇り降りしたグループは、仕事を終えた後にもかかわらず、**寝不足による疲れが消え、疲労回復効果が認められた**のです。

さらには、よりエネルギッシュで活動的にもなったそうです。

階段を昇るペースはゆっくりでもOKとのこと。それなら、ずいぶんラクですね。

平屋のオフィスでない限り、階段はあると思います。

眠くなってきたときの目覚ましがわりや、ちょっと疲れたときの疲労回復ツールとして、階段を利用するのも1つの手です。ぜひ、参考にしてみてください。

28 パソコン・椅子……オンとオフは「物」で切り替える！

集中力を一気に高める法

☑「仕事用のスマホ」「遊び用のスマホ」で仕事も遊びも、うまくいく

私たちは、自分で思っている以上に、**場所や環境の影響を強く受けています。**

たとえば、騒がしい居酒屋に行くと、自然と声が大きくなりますよね？

周囲が騒がしいために「小さな声では相手に聞こえない。声を大きくしないと！」という意識が自動的に働くからです。大きな声を出すことでテンションも自然と上がります。

同様の現象は、舞台役者にも起こります。

普段はシャイで声が小さいのに、舞台に上がった瞬間、見違えるほど堂々と動き、滑舌《かつぜつ》のよい大きな声で演じる人がいます。

「**スイッチが入る**」という言い方をする人もいますが、まさにオンとオフのスイッチが、舞台という場所や環境に「条件づけ」られているわけです。

逆に言えば、自分の**スイッチがオンになる場所や環境を、意図的に作ることも可能**です。

たとえば、仕事のスイッチを自宅でオンにしたい場合。

家の中はスペースに限りがありますから、仕事部屋が確保できなければ環境を意図的に変えてください。

まず、仕事をするときに必ず座る椅子を決めます。

ポイントは、食事をするときに座る椅子とは必ず別の椅子にすること。すると、仕事をする椅子に座った瞬間、自然に仕事のスイッチが入るようになっていきます。

ほかにも、仕事をするときは、必ず背中にクッションを添える、椅子に座布団を敷く……といった、スイッチとなる「**条件づけ**」を自分で作ってしまえばよいのです。

僕は、服を変えることで、オンとオフを切り替えたりもしています。

わかりやすいのは、スポーツウエアです。

あなたもスポーツジムに行くときは、スポーツウエアに着替えるでしょう。

機能面を考慮して、運動に適したウエアを着ることは重要ですが、運動するスイッチをオンにするのにも効果的です。

食事をするとき、リラックスするとき、勉強するとき、仕事をするとき……。すべて同じ場所、同じ環境で行なうのはあまりにもったいない。

仕事の効率を上げたいなら、パソコンさえ分けるべきだと思います。仕事用のパソコンと、私用のパソコンとを分けることで、集中力と効率が圧倒的に変わってきます。

「パソコンを2台買うのは、財政的に厳しい」という人もいるでしょう。

しかし、仕事の成果が変わりますから、パソコンを2台買うくらいのお金は取り返すことができます。とくに、自宅で仕事をすることが多い人は、ぜひ試してください。

スマホや携帯電話も、仕事用、私用で分けることをおすすめします。スマホを分けることで、オンとオフのスイッチが切り替えやすくなり、効率も上がります。

集中しようと頑張らなくても、条件づけされた物と環境さえ整えれば、スイッチが勝手に入る。

その仕組みを作ったほうが効率的です。

☑「公園で読書をする」読書効果

いくつか面白い実験をご紹介しましょう。

大阪大学大学院人間科学研究科教授、入戸野《にっとの》宏《ひろし》氏らの研究グループは、仕事の生産性を高める物として、興味深い発表をしています。

それは**子猫や子犬の写真を見るだけで、仕事の生産性が44%も増す**というもの。

会社のデスクに子猫や子犬の写真を飾るだけで、仕事の効率が上がるなら儲けものですね。

また、**本を読むなら「自然の多い場所」がおすすめ**です。

自然科学分野の研究実績で評価が高いイリノイ大学では、次のような実験結果を発表しています。

実験では、9歳から10歳の子ども300人を2つのグループに分けました。1つは、「自然の多い場所」で授業をするグループ、もう1つは「教室」で授業をするグループです。

授業を担当した教師が、それぞれのグループの集中力を採点したところ、「自然の多い場所」で授業をしたグループのほうが「教室」で授業をしたグループよりも集中力が2倍も持続したというのです。

しかも、その集中力は、教室に戻っても持続していました。

別の研究ですが、校舎の窓から緑が見えるだけで生徒の成績がアップしたという報告もあります。読書のような集中力を要する作業は、自然の多い公園などでするのがベストです。

自然が私たちに与える影響は、いいものばかりです。

長生きができる、幸福感を高めてくれる、助け合いの精神が生まれる、注意力が最大化される……キリがありません。つまりは、**人生の問題まで解決してくれる**わけです。ぜひ「自然の多い場所」を積極的に活用していただきたいと思います。

29

最高に集中するには？——「16時間」何も食べない

脳がフル回転する法

☑リーンゲインズ法——集中力・免疫力がアップする「すごい食事術」

朝、昼、晩。

多くの人が必ず行なうのは、食事をすること。

「1日3食とるべき」という考え方は、私たち日本人が子どもの頃から刷り込まれている行動習慣です。

ただ、朝ごはんを食べない人や、1日1食の人もいると思います。

僕も、朝、昼、晩と1日3食、食事をすることはありません。

集中力・免疫力がよりアップする食事術をとり入れています。

それが、**1日のうち16時間は何も食べない「リーンゲインズ法」**。

具体的には、まず、自由に食事をとってもよい8時間の枠を決めます（女性は10～11時間とってもOK）。8時間の中であれば、**3食分のカロリーをとることだって可能**です。

僕の場合は、14時～22時の8時間のあいだに、すべての食事を終わらせてしまいます。8時間は、自分の生活リズムで決めてください。朝10時から18時の人もいるでしょうし、12時から20時、16時から24時が実践しやすいという人もいるでしょう。

16時間の断食中、口にしていいのは水、お茶、ブラックのコーヒーのみ。一見、ツラそうに思えますが、睡眠時間を含めているので、意外に苦ではありません。

慣れてしまえば、食事を抜いている、という感覚さえ消えていきます。

２０１４年に、アメリカ・カリフォルニア州立大学の、キネシオロジー（運動機能学）＆栄養学の学校が発表したレビュー論文によると、リーンゲインズ法などのプチ断食には、次のような健康効果があるようです。

◎中性脂肪の低下
◎LDLコレステロールの減少
◎血糖値の低下

食べる時間帯を変えるだけで、さまざまな健康効果が認められています。

☑脳のスイッチは「空腹のとき」にオンになる!

ほかにも、食習慣については、これまでさまざまな研究が発表されてきました。

「プチ断食」の効果について20年あまり研究を続けている、アメリカのジョンズ・ホプキンス大学神経科学の教授、マーク・マットソン氏は次のように述べています。

①脳には短期間だけ負荷を与えたほうがよい
②プチ断食は、細胞にストレスを与える
③定期的にプチ断食を行なうと、細胞はストレスに順応していき、脳の健康を維

持するのに役立つ

つまり、プチ断食をすることで、脳が健康になる、そして、その働きもよくなるというのです。

マットソンのおすすめの食事術は、**週に2日は1日の摂取カロリーを減らす**方法です（男性600kcal、女性500kcal分が目安）。

私たちの先祖は、現代のような飽食とは程遠い時代を、たくましく生き残ってきました。飢餓に近い経験をしながら、それでも生き残ることができたのは、「空腹の状態で、脳をより働かせて食料を探し当てたから」、とマットソンは述べています。

つまり、**現代人の脳も空腹のときにスイッチがオンになり、働きが活性化する**のではないか、というわけです。

1点注意が必要なのは、女性の場合、プチ断食でトラブルが出る人もいることです。リーンゲインズ法で断食時間を16時間ではなく、13～14時間を推奨しているのも、おもにそれが理由です。生理不順といった体調不良が見られたら、すぐにやめたほうがいいでしょう。

いずれにしろ、男性も女性も、不調を感じたらただちに医師の指示を仰ぐことを前提に、脳に適度な刺激を与える生活を楽しんでほしいなと思います。

30 「疲れ」は意外にも「運動」で解消できる

「疲れない体」になる法

☑軽い運動こそ「最高の休憩」

勉強や仕事、家事が一段落して疲れを感じたとき、あなたはどのように休んでいますか？

「疲れたなぁ」と、ついベッドやソファに横になったりしていませんか？

横になれない環境では、椅子に座ってボーッとしていたりしませんか？

実は、横になったり、座ったりという単純に体を休める「休息」は、効率的な休み方ではありません。

脳や体の疲れをとるのに一番いい方法は、**「休息」ではなくて「運動」**なのです。

もちろん、科学的な根拠があります。

最近、疲れやすい、寝ても疲れがとれない、慢性的な疲労を抱えている、といった人が増えています。

その疲れの正体は「慢性疲労症候群」という病気です。朝起きたときから疲労感がある、体がだるくて起き上がれない、体のあちこちが痛い、といった典型的な疲労の症状はもちろん、思考力の低下、微熱、睡眠障害といった症状まで起こります。ひどくなってくると、仕事や日常生活に影響が出てきます。

そんな「慢性疲労症候群」の治療法の1つが、運動で疲れを回復する**「段階的運動療法**（Graded Exercise Therapy)」、通称GETです。

「疲れているのに運動なんて……」と思うかもしれません。

ですが、療法士の指導のもとで、運動量を少しずつ増やしていくと疲労の症状が軽減されることがわかっています。

GETを行なううえで重要なのは、疲れ切った状態でもできるレベルからスタートすることです。以下に、具体的な方法を紹介しましょう。

①1分間のストレッチからはじめる
②1分間のストレッチを1週間続ける
③「もっとできそう」と感じたら、時間を10～20％増やす（1分10秒など）
④さらに1週間続けたら、再び時間を10～20％増やす
⑤慣れてきたら、運動の負荷を少し上げる（ストレッチからウォーキングなど）
⑥最終的には、週の運動合計時間を2時間半にする

①～⑤を繰り返し、週に2時間半の運動習慣を身につけることで、たまった疲労を解消し、さらには疲れにくい体を手に入れようという療法です。

ポイントは、運動時間を絶対に20％以上増やさないこと。

「もっとできる」と思っても、超スローペースで増やしていくのが大事です。

もちろん、激しい運動は必要ありません。

僕のおすすめは、**スクワット**。寝転がったり座ったりする必要がなく、立ったまま、

しかも室内でも屋外でもできるのがポイントです。

僕自身、新幹線の車内など、移動中に仕事をすることが多いのですが、作業に疲れたなと思ったら、デッキに行ってスクワットをします。たまに乗客から怪しい目で見られることもありますが、合理性を突き詰めれば気になりません。

多少変に思われても、目的があるなら堂々と実践するべきです。

☑「休憩時間の片づけ」という疲労回復法

仕事や勉強に集中した後の疲労感や倦怠感は、一見すると脳の疲労が原因のように思えます。

脳が疲れているなら、脳を休めればいい。

そう思うかもしれませんが、仕事や勉強に集中したときの疲労の原因は、意外なところにあったりします。

1つは、目の疲れからくる疲労感。

パソコンの画面や本など、1点を見つめていたことによって瞬きが少なくなり、目が疲れたことが主な原因です。目を酷使すると、目の周りの血流も滞ります。

もう1つは、同じ姿勢をとり続けたことによる疲労感。長時間座っていると、筋肉が固まり、血流が滞ります。それにより肩こりに似た疲労感が出てきます。

つまり、仕事や勉強に集中したときの疲労感は、**脳が疲れているわけではなく、単純に体の不調がもたらすもの**なのです。

目を酷使することも、同じ姿勢をとり続けることも、どちらも血流が滞るという共通点があります。血流が滞ると、細胞に必要な栄養を運べなくなるだけでなく、老廃物を排出することが困難になります。

ですから、ジッとしているのではなく、むしろ体を動かすことで全身の血流を促進。体内にたまった老廃物が排出されれば、**「休憩」の本来の目的である「疲労回復」効果が最大化**されるのです。

運動はスクワットでなくてもかまいません。ほかにも、自分に合った運動を探してみてください。

たとえば、外に出られる環境なら、ウォーキングのような、軽い有酸素運動を取り入れてみましょう。肺や心臓といった呼吸循環器系が活発化しますし、筋肉が刺激されて血流も促進されます。

もし、運動に乗り気になれないなら、部屋全体を軽く片づけてみるのもおすすめです。本格的に片づけるとキリがないので、あくまで疲労回復のための「軽い運動」のつもりで、目につくところだけを片づけてみてはいかがでしょうか。

休憩に適度な運動を取り入れることで、脳の機能を最大化することがポイントです。

とくにデスクワークの場合、**1時間に1回は運動**を取り入れて、効果的にリフレッシュをしてください。

7章

お金が
自然と貯まる
「意外な解決法」

31

「本を買うか、時間を買うか」——どっちが得？

お金の使い方がうまくなる法

☑ひょっとして「愚者の税金」を払っていませんか？

お金にまつわるこの章の冒頭で、「細かい贅沢《ぜいたく》」について話をしたいと思います。頑張った自分へご褒美をあげよう、といった類のいい話ではありません。むしろ、もったいないお金の使い方を指しています。

多くの人が無意識にやりがちで、その**落とし穴に気づいている人はあまり多くないのが「細かい贅沢」**です。

たとえば、タバコ。

世界の統計を見ても、喫煙者の比率は、高所得者よりも低所得者のほうが高いそうです。低所得者たちが日常的にタバコを吸うことを考えると、1箱500円前後というタバコの価格はずいぶんと高価です。

しかも健康面から見ても、百害あって一利なし。タバコをやめさえすれば、節約もできますし健康にもなれるのですから、本当にもったいないとしか思えません。

ギャンブルも同様です。

あらゆるギャンブルは営利を目的として営まれています。

ということは、「商売が成り立っている」＝「利益が出ている」。つまりは、店側が儲かっているということです。

たまたまギャンブルで勝ったとしても、ギャンブルで得た収入は一時所得として税金の対象になります。確率論や期待値の計算ができない、または計算しない人間がギャンブルに手を出すと、多くの税金を納めることになります。

「愚者への税金」と言えるかもしれません。

はっきり言えば、**無駄なことにお金を使っている**のです。

楽天グループ株式会社の創業者であり、会長兼社長の三木谷浩史氏は、とある店がオープンした際のお祝いで「一晩で1000万円使った」と週刊誌で目にしたことがあります。三木谷氏が、資産を1兆円持っているとすれば、1000万円は総資産の10万分の1にあたります。

あなたの貯金が500万円あったとすれば、その10万分の1はいくらでしょうか。たった50円です。その金額を使うのにためらいますか？

おそらくためらわないと思います。もっと言えば、50円より高いジュースであっても、気軽に自販機で購入してしまうでしょう。

そうやって考えると、自分がいかに「細かい贅沢」をしているかわかるはずです。

☑「3000円のランチ」を一緒に食べていい人、ダメな人

億を超える資産家と比べると、私たちはお金を持っていません。

持っていないからこそ、お金は上手に使わなくてはいけないのです。

考えるポイントは、この1点です。

あなたが支払った代価は、その金額以上のリターンが見込めますか？

ランチに3000円使うとなると、高く感じると思います。でも、一緒に行く人の話が3000円以上の価値がある。あるいは、3000円支払ってでも一緒にいたい相手とランチができるなら〇Kです。

ほかにも、僕は近距離の移動にもときどきタクシーを利用しますが、そのときは文庫本を1冊買うのと、タクシーにワンメーター乗るのとどっちがいいか、瞬時に頭の中で考えます。

次の予定まで時間があるなら、タクシーには乗らずに文庫本を1冊購入し、目次などから得るインスピレーションをもとに、歩きながらアイデアを練ります。

逆に、パソコンで作業するために座って移動したい、または、お金を支払ってでも限られた空間や時間を手に入れたい、と考えるときはタクシーに乗ります。

つまり、**お金を使って何が得られるのか、何を得たいからお金を支払うのか**。それを明確に自覚していることが大事なのです。

いずれにしても、お金は「細かい贅沢」をして無駄にするのではなく、**自分の投資になるような使い方**をしてください。

32

「100万円」を「165万円」にする意外な習慣

お金が貯まる法

☑「あなたの貯金を65%増やす」法——パブリック・コミットメント

目標を達成するために、効果的な方法があります。

周囲の人に目標を公表し、「絶対に達成する」と結果を約束するのです。

これを「**パブリック・コミットメント**」と言います。

社会心理学の父とも呼ばれる、ドイツのクルト・レヴィン氏が提唱したもので、人に宣言したほうが、一人でこっそり実行するよりも目標達成の確率がグッと高まる、というのです。

事実、マイクロ・アントレプレナー（一人ないしは少人数で、手持ちのわずかな資金を使ってビジネスをはじめる起業家たち）を調べた研究でも、パブリック・コミットメントがかなり有効だという結果が出ています。

さて、これを貯金に当てはめるとどうなるでしょう。

誰にも言わずに、「内緒でこっそり貯金した」場合と、「目標貯金額を公表し、結果を約束してから貯金した」場合。どのくらい貯金額に差があるかというと、「目標貯金額を公表し、結果を約束してから貯金した」ほうが、**平均65％も多く貯金できる**のだそうです。

これは、すごい違いだと思いませんか？

誰にも言わずに、100万円貯めることができたなら、目標貯金額を公《おおやけ》に約束して貯金をすれば、165万円も貯められることになるのです。

ですから、貯金が目的の人は、絶対に結果を約束してから貯金することをおすすめします。

パブリック・コミットメントがなぜ有効かというと、**公表したことでその内容に自分の意識が向く**ようになります。貯金の目標額を公表した場合でいえば、自分のお金の使い方について深く考えるようになり、無駄遣いを減らすことができるのです。

お金に関する話は人にしないほうがいい。お金の話をすると嫌われる。そんなふうに感じる人もいるかもしれません。

たしかに、お金の話はリアルすぎて好まれる話題ではありませんが、相手の年収や貯金額を聞いているわけではないのです。貯金の目標額を公表した程度であなたを嫌うような人とは、友人関係を解消してしまったほうがいいくらいです。

ここまでお金の話をしてきましたが、僕にはお金よりももっと大切にしているものがあります。

それは、「知識」です。

さまざまな本や資料から得る知識こそが僕の本当の資産です。

知識があれば、今、自分の口座に入っている金額が一気にゼロになったとしても、すぐに元に戻す自信があります。このように、みなさんの前で「知識があればお金は得られる」と公表するのもまた、僕自身のパブリック・コミットメントと言っていいかもしれませんね。

33 大富豪に共通する目標――「お金」でなく「自由」

お金で悩まなくなる法

☑お金が欲しければ「お金より大きなもの」を目標にする

「あなたはお金が欲しいですか？」

「欲しいとしたら、どのくらい欲しいですか？」

世界には大富豪と呼ばれる人たちがたくさんいます。代々続く事業を相続した人もいれば、自身で事業を成功させ、莫大な富を手にした人もいます。

彼らはお金を求めたから、お金持ちになれたのでしょうか？

僕はこう思います。

彼らは自由を求めたのです。

お金ではなく、より大きなものを求めたのです。

自分がやりたいことを自由にやりたい、何かに束縛されず自由に生きたい。そのためにはお金が必要であり、お金を稼ぐ方法が必要です。そこを追い求めた結果、稼げるビジネスを成功させ、大金を手に入れた——。

これが、富を得る人の考え方、そして行動です。

ですから、**目標とするべきは、自由を求めること**。

お金を得ることだけを目標にすると、バイトで稼げるような手近なお金で満足してしまいます。短い期間でしたら、お金を目標にするのもいいかもしれません。でも、短い期間でパッとお金を稼げる職場は、自由を求めるあなたが長く居続ける場所ではないはずです。

僕は企業に就職したことがないので詳しくはわかりませんが、大企業のお給料は、多くの企業と比べてもよいのでしょう。でも、大企業で「自由」を求めようと思ったら、会社が大きい分だけ行動に制限がかかり、難しくなると思います。

であれば、現時点ではまだ荒けずりだけれど、将来成長する可能性の高いベンチャー企業を選ぶほうが、あなたの好きなことができるかもしれません。または、やりたいことが明確なら、思い切って起業するのもいいでしょう。

大企業に入った人は、いつか出世できるかもしれませんが、保証はありません。出世できたとしても、おそらく5年、10年、20年、30年という長いスパンでの話になります。50歳、60歳になったときに、それなりの地位についていれば、お金だけでなく、ある程度の自由は手にできているかもしれません。

でも、出世できなかったり、途中で失脚してしまったらどうでしょう。不自由なまま一生終わってしまうのです。

大企業に勤めることは、素晴らしいことですし、誰もができることではありません。でも、自由という観点から見ると、ギャンブルだなと僕は思ってしまうのです。

大事なのは、より本質的で、かつ大きい目標を持つことです。

お金のために手近な仕事をすることも、大企業に勤めることも、朝から晩まで寝ずに働くことも、僕はどれも悪いことだとは言いません。

ただし、どんな選択をしたとしても、お金のために自分の時間のすべてをつぎ込んではいけません。

気づいたらお金はあっても、友達もなく、やりたいこともない。「結局、自分の人生は何だったんだろう」という人生を迎えないためにも、やっぱり求めるべきは自由であるべきだと思います。

☑「今あるお金で満足できる」考え方

「卵が先か、鶏が先か」という因果性のジレンマと似ていますが、「自由」になるためにはやはりお金が必要です。

逆に言えば、**お金のない自由とは、自分で「自由だ!」と思い込んでいるだけ**。実際は不自由ですので、気をつけてください。

お金を稼げない活動に時間を使って「俺がこの活動をしているのは、お金のためじゃない」という人もいますが、考え方を改めたほうがいいと思います。資本主義社会では、基本的にはお金がないと何もできません。あなたの目標を実現するためには、お金は必要不可欠なのです。

お金を求めるのではなく、その先にある「自由」を求める。

そのために、あらゆる手段を使ってお金を稼ぐことが大事です。

なかには「お金から解放されたい」という人もいます。たしかに、お金から解放されれば、もっとラクに生きられそうです。

あなたがお金から解放される方法は、次の2つです。

1つは、通貨の取引がいっさいないような無人島で自給自足の生活を送る。

お金からは解放されるはずです。この生き方であなたが満足できるのであれば、無人島生活もありだと思います。

もう1つの方法は、あなたが使い切れないくらいのお金、あなたにとって必要以上のお金を稼ぎ続ける能力を持つことです。

あなたは、空気があることを日々意識して生きていますか?

おそらく意識していないでしょう。なぜなら、必要十分な量があるからです。

あなたが、**消費しても消費し尽くすことのできない量があるから無頓着**なのです。

それと同様に、あなたが好きなことをやって、好きなだけお金が稼げるようになれば、はじめてお金から解放されたと言えます。

繰り返しますが、何より大切なのは、自由を求めること。自由を求めていれば、お金については「これで十分だ。満足だ」、そんなふうに言えるときがきっと訪れます。

ですが、あなたの求めているものがお金だったら、「これで十分だ。満足だ」とは、一生思えません。月に100万円稼げるようになったら200万円欲しくなる、200万円稼げるようになったら300万円、そして500万円。やがては、1000万、5000万……と、どんどん額は膨れ上がるばかり。

いつになっても、満足感が得られません。

ですから、あなた自身の人生の満足感を高めるには、お金よりも自由を求めることが大事なのです。

そこではじめて、お金の呪縛から解放されることができるのです。

8章

メンタルを
一気に強化する
「意外な解決法」

34 「意志の力」に頼らない人ほど、意志が強い

逆境に強くなる法

☑ 意志が強い人は「意志の力」でなく「習慣の力」を使う

意志が強い人、と聞くと誰でもいいイメージを抱くでしょう。

誘惑に負けてしまうことが多い意志の弱い人は、意志が強い人に憧れるかもしれません。

では、「意志が弱い」人と「意志が強い」人では、いったい何が違うのかと言えば、意志の力——**「意志力」の使い方が違う**のです。

意志力については、健康心理学者のケリー・マクゴニガル氏が書いた『スタンフォー

ドの自分を変える教室』（大和書房刊）に詳しく記載があります。

簡単にまとめると、**意志力は、あなたが何か行動しようと考え、実際に行動したときに使われるもの。**やるべきことをやる。やってはいけないことをやらない。計画どおりに行動する。そんな意志決定が必要な行動をしたときに、消費されていくのです。

この意志力は、永遠にあるものではありません。

体力が延々と続くものではないのと同じように、意志力にも限りがあります。

朝からパンを食べるか、ご飯を食べるかと悩み、パンを選ぶ。はたまた、家族が買ってきた冷蔵庫のデザートを食べないように我慢する。どちらのケースも意志力は消費されていきます。

こうした日常の些細なことで、限りある意志力を使ってしまうのは非常にもったいないのです。

意志力を有効活用するためには、なるべく**意志力に頼らないように生活**すること。

よく言われるような「意志を強く持つ」のではなく、意志力に頼らずに行動できることを増やしていくのです。

そのためには、習慣を上手に利用します。

習慣により自動化された行動は、何も考えずに体が勝手に動くようになるので、意志力が必要とされません。

日々の生活に**習慣を増やせば増やすほど、意志力を節約できる**わけです。

たとえば、先ほどの朝食の悩みなら「朝は必ずパンを食べる」もしくは、「○曜日と△曜日はパン。それ以外はご飯を食べる」と決めておけばいいのです。朝食に食べるものが習慣化されれば、意志力を節約できるようになります。

メールを返す時間、寝る前のエクササイズをする時間など、1日の中で習慣化された行動をする時間が多ければ多いほど、意志力は節約できます。

すると、本当にやりたいことをする、新しいことをはじめるために、大切な意志力を注入することができるのです。

☑「自分は意志が弱い」と思う人ほど成功する、その理由

「今日は無理だけど、明日ならできる」

「今週は忙しいけど、来週なら何とかなる」

そんなふうに考えたことはありませんか？

今できていないことに対して、未来の自分ならスケジュールをきちんとコントロールできている。知らず知らずのうちに、未来の自分の意志力に期待してしまっているわけです。

ですが、予想していた未来を迎えても、結局は過去の自分と変わりません。根拠のない未来の自分の意志力に期待を寄せてはいけません。

むしろ、**「自分は意志が強い」と思っている人よりも、「自分は意志が弱い」と思っている人ほど、大きなことを達成する**ことができたりします。

伝説の営業マンとして知られる、金沢景敏《あきとし》さんもそうです。

金沢さんは30代のとき、今まで勤めていたテレビ局からプルデンシャル生命保険株式会社に、営業経験ゼロで転職しました。プルデンシャルは、固定給なし、完全歩合制の会社。

稼げるか稼げないかは、その人次第です。

金沢さんは、入社わずか1年で、個人契約ナンバーワンの座を獲得しました。さらに、3年目には、全世界でトップ0・01％の人に与えられるTOT（Top of the Table）に選出されたのです。

日本一、保険商品を売りまくる営業マンですから、相当、意志が強い人だろうと思いがちですが、金沢さんは「僕は意志が弱いんです」と言うのです。

実際にお会いして金沢さんの仕事ぶりを聞いてみたことがあります。その仕事ぶりは、相当意志が強いとしか思えないのに、ご本人は違うと言う。

「意志が強い」と自分で思っている人ほど、明日の意志力に期待してしまう傾向にあります。だから、今できる方法を探そうとしないのです。

逆に**「意志が弱い」と自覚していれば**、今行動しなければならないと思うようになります。

自分を甘やかさないで現実を見つめられるのです。

35 ストレスを力に変えるマインドセット

幸福感が高まる法

☑ 最高の結果が出る前に「必ず起こること」

あなたは、「ストレス」にどのようなイメージを持っていますか？

嫌なもの、しんどいもの、健康によくないもの。でも、やっぱり避けられないもの。マイナスなイメージを持つ人は多いと思います。

たしかに、私たちは、ストレスをできる限り避けようとする傾向があります。

ですが、**ストレスを避けようとすればするほど「人間の幸福度は下がり、鬱《うつ》になりやすい」**と言われています。

では、現代病とも言われるこのストレスと、どのようにつき合えばいいのでしょう。
僕のおすすめは、コレです。

ストレスを避けるのではなく、ストレスと向き合い、逆に自分の力に変えること。

言い方を変えれば、ストレスから逃げるのではなく、乗り越えることで自信やハッピーを手に入れてほしいのです。

ちょっと思い出してみてください。

あなたがこれまでに経験した、最大級に楽しかったときのこと。大きな成長ができたときのこと。最高の結果を成し遂げたときのこと。

そんなハッピーな体験の前には、大なり小なりのストレスがあったはずです。そのストレスから逃げず、乗り越えたからこそ、あなたは達成感や幸福感を得ることができたのです。

たとえば、ロールプレイングゲームでも同じ体験を味わうことができます。

ダンジョン（地下迷宮）にいる敵たちと闘うことはストレスです。ですが、その敵を倒すことでアイテム――自信や経験――が手に入り、あなたはますます強くなっていく。そして、いくつものステージをクリアし、最後の敵であるラスボスを倒すことで、求めていたお宝——達成感や幸福感——を手に入れることができるわけです。

つまり、私たちにとってストレスは、マイナスばかりをもたらすものではありません。**きちんと向き合い、乗り越えることで、それまでの苦労やツラさから解放してくれるもの**でもあるのです。

これは、科学的にも証明されています。

人間の体は、ストレスを感じると「コルチゾール」と「DHEA」という2種類のホルモンを分泌します。

〝ストレスホルモン〟と呼ばれるこの2種類のホルモンは、バランスよく、同じ量が分泌されるわけではありません。**ストレスを「どう考えるか」によって、それぞれのホルモンの分泌量が変化する**のです。

「ストレス＝マイナスなもの」と考えて避けようとすると、「コルチゾール」が多く分泌されます。そして「コルチゾール」が増えすぎると、体内の糖が無駄に分解され、脂肪がどんどん蓄積されてしまいます。そうして肥満になれば、免疫力が低下します。

一方、「ストレス＝プラスなもの」と考えると、「DHEA」の分泌量が増えます。「DHEA」には、脂肪を分解し、筋肉量を増やす働きがあります。筋肉量が増えると基礎代謝が上がり、結果、免疫力が高まるのです。

つまり、「ストレス＝プラスなもの」と考え、前向きに乗り越えようとするだけで、あなたの心も体も強くなっていくのです。

☑ 3時間しか眠っていないのに、なぜかイキイキしている人

では、具体的にどのようにストレスと向き合い、乗り越えればいいのでしょう。

何年も前から僕が実践しているのは、**「アリア・クラムの3ステップ」**という方法。

スタンフォード大学マインド&ボディ・ラボの主任研究員であるアリア・クラム氏は、行動・心理・生理的なメカニズムを通して、健康とパフォーマンスをいかに向上させられるかについて探求しています。「アリア・クラムの3ステップ」は、そんな彼女が提唱するマインドセットの1つです。

ちなみに、マインドセットとは習慣化された考え方のことです。

たとえば、1日3時間しか眠れないくらい忙しいのに、イキイキしている人がいます。実際、僕の周りには睡眠時間が少なくても平気な人が多いです。

それに対し、睡眠不足や多忙であることがストレスとなり、体を壊して、休職したり退職したりする人も少なくありません。

この違いは、マインドセットの違いから生まれます。つまり、忙しくて睡眠時間がとれないというストレスを、**プラスに捉えているか、マイナスに捉えているか――マインドセットの違いで、大きな差が生まれている**のです。

「アリア・クラムの3ステップ」とは、

① ストレスを感じたら、まず「自分はストレスを感じている」と認識する
② ストレスによって脅かされている、自分にとって「大切なもの」を特定する
③ ストレスによって脅かされている「大切なものを守るための行動」をすぐに起こす

たとえば、僕は次のように実践しています。

僕が強いストレスを感じることの1つに、「ダラダラとした打ち合わせ」があります。好きな本を読む時間や、新しい企画のアイデアをブラッシュアップする時間という、僕にとって「至福の時間」が失われるからです。「ダラダラとした打ち合わせ」が続くと、どうしてもイライラしてしまいます。

そこで「アリア・クラムの3ステップ」を実践します。

まず、「ダラダラとした打ち合わせ」が続き、イライラしてきたら、「自分はストレスを感じている」と認識します。ストレスを感じていることを認識できたら、ストレスを感じる前後の、自分の体の変化を観察するのです。

僕の場合、ストレスを感じてイライラしはじめると、耳のあたりが熱を帯びてきます。「頭に血がのぼる」という感覚が近いかもしれません。

このように、自分自身の**体に起こる反応や変化を認識することが、ストレスと向き合うことにつながります**。

次に、ストレスによって脅かされている、自分にとって「大切なもの」を考えます。これは「ストレスの原因・理由」を理解する方法とも言えます。たいていの場合、人がストレスを感じるときは、自分の「大切なもの」が脅かされているときです。「ダラダラとした打ち合わせ」というストレスによって脅かされている、僕にとって大切なものは「至福の時間」です。

ちなみに、**ストレスによって脅かされるのは、お金で買えないもの**のほうが多いと思います。時間もそうですが、自分自身の尊厳だったりするかもしれません。

最後に、脅かされている「至福の時間」を守るためにすぐに行動を起こします。「ダラダラとした打ち合わせ」が続くのは、打ち合わせの参加者が何も決めないからです。そこで僕は、相手からアイデアの提案を待つのではなく、自分から積極的にアイデアを提案します。それでも結論が出なければ、「あとは上司と相談してください。返事はメールで」と、さっさと切り上げてしまえばよいのです。

もっと簡単な方法で言えば、最初から打ち合わせの時間を30分、または1時間と設定しておくのも効果的です。

ストレスを避けたり耐えるのではなくきちんと乗り越えられれば、より一層自分にも自信が持てるようになります。

達成感や幸福感も得られ、免疫力さえも高めることができるのです。

36

「気をそらす」――怒りの意外な解消法

イライラが消えていく法

☑スタンフォード大学・グロス教授の「怒りを瞬時に消す法」

イラッとしたり、カッときたとき、あなたはその怒りをどう解消していますか？

大声を出して怒鳴ったり、物を投げつけたりしても怒りは解消できません。

一見スッキリするように思えますが、逆効果なのです。

スタンフォード心理生理学研究所の所長で、正しい怒りの対処法を研究している
ジェームズ・J・グロス氏は、著書『Handbook of Emotion Regulation（感情コントロールのハンドブック）』（The Guilford Press刊）の中で、次のようなことを

述べています。

「ネガティブな体験を強く意識したり、**ネガティブな感情を表に出してしまうと、その感情はどんどん強くなる**。その結果、感情をコントロールすることができなくなり、周囲への適応能力や、自分自身の幸福度が下がっていってしまう」

つまり、怒りのようなネガティブな感情を抱えたとき、それを表情や行動に出してはいけないと言っているのです。

では、人にも物にも怒りをぶつけず、グッと抑えるのはどうでしょう？

ずいぶん大人な対応のように思えますが、これもあまりいい対処法ではありません。**怒りを抑えることでさまざまなデメリットが生じる**のです。

怒りを抑えると、感情のコントロールをする大脳辺縁系が活性化します。すると、理性をつかさどる前頭前野の働きが抑えられ、冷静な思考ができなくなります。その結果、緊張と不安が増加し、ネガティブな感情が大きくなってしまうのです。

さらには、感情を抑える人ほど、他者との親密なコミュニケーションを避ける傾向があり、周囲の人を遠ざけてしまいます。さて、怒りの感情を表に出すのもダメ、抑えるのもダメと、八方ふさがりのような気もします。

そこで、グロス氏が有効だとしているのは、**怒りから「気をそらす」**という方法。人間の脳は、一度に複数の作業をすることができません。認知機能（人間が知識を得るための機能）と感情機能は、脳の中でも限られた同じリソースを使っています。ということは、**認知機能を使う作業をすれば、感情機能の働きが鈍くなります**。

つまり、認知機能を使う作業――仕事を覚えたり、試験勉強をしたり、本を読んで想像したり、新しいアイデアを考えたりすれば、怒りの感情から簡単に気をそらすことができるというのです。

怒りだけではありません。ダイエット中なのに、差し入れのケーキが目の前にある。結婚しているのに、抗《あらが》えないほど魅力的な相手が自分に好意を示している。高ぶる感情すべてに対して、「気をそらす」のはとても有効なのです。

☑「同情」「優越感」……「怒り」を違う感情に変えてみる

もう1つ、感情から「気をそらす」コツがあります。

それは感情を**「再評価（リアプレイザル）」**することです。

「再評価」は心理学用語で、認知行動療法にも使われているアプローチの1つ。認知行動療法とは、物事の受け取り方や考え方を変えて、心をラクにする精神療法のことです。

ネガティブな感情は、ネガティブな体験をネガティブに捉えるから生まれます。そこで、ネガティブな体験をポジティブにとはいかないまでも、別の視点で捉えてみます。すると、ネガティブな感情は生まれにくくなるのです。

僕は以前、大阪のとある駅でサインを求められたことがありました。

相手は、おそらく僕のファンではない、中年の男性です。その人との会話から、「ちょっとでも名前が知られている人のサインがもらえるなら、誰のものでもいいから欲しい」ということが、何となく伝わってきました。

相手をすることが無駄に思えましたし、本当なら、「ファンでもない人間のサインなどどうして欲しいのか？」と聞きたいところでした。でも、ここで怒りを出してしまっては、ますます怒りの感情が増幅されます。

そこで、僕は、自分の怒りを「再評価」するため、このネガティブな体験を別の視点で捉えてみることにしました。

「この人は以前、誰かのサインを人に見せて注目を浴びたんだろうな」

自分が注目を浴びるために僕に声をかけてきたのだろうと、**相手の動機に意識を向けてみた**のです。

「ちやほやされたのかな。それが気持ちよかったのかな」

そこに着目すると、衝動的にカチンときた怒りがスーッと小さくなっていくのがわかったのです。

ほかにも、目の前の相手があなたに対して怒っているときは「家で何か嫌なことがあったのだろうな」とか「可愛がっていたペットが亡くなったのかな」などと、怒っている理由を別の視点から捉えます。

「今日は何ひとつ仕事が終わらなかった」と自分にイライラしたときは「今日は脳の休息日。明日はきっとさらに成長できる」と考えることも効果的です。

怒りやストレスもまた、生活の一部です。

ネガティブな感情の「再評価」を練習して、上手に感情のコントロールができるようになってください。

37 パワーポーズが「あなたの存在感」を高める

「人間の器」が大きくなる法

☑「疲れた」を「やりきった！」と言い換えれば、疲れない

もしも「疲れた」が口グセになっているとしたら、今すぐにやめてください。

あなたの口グセは、あなたの心を作ります。

「疲れた」の替わりに、ぜひ「**やりきった**」「**クリアできた**」「**よく頑張った**」を口グセにしましょう。普段から、**考え方をプラスの方向にシフトする**ことは、とても大事です。

僕が実践しているのは、胸を張って、「やりきった！」と叫ぶことです。

声に出す、とくに大きな声を出すと、心の中まで変わります。「疲れた」と言うと、体からエネルギーが抜けていくような感覚になります。逆に、「やりきった」と大きな声で言うと、体にエネルギーがみなぎってきます。

さらには、ポーズも大切です。

ガッツポーズでもなんでもいいので、「俺は／私はやりきったんだ！」という自分なりのポーズを2分間くらい保ってみてください。「やりきった！」と言い続けながら取り組むともっと効果的です。

ハーバード・ビジネス・スクール元教授のエイミー・カディ氏は、「自信のある人が自然にとるしぐさ」をするとプレゼンス（存在感）を身につけられると提唱しました。

これを「パワーポーズ」といいます。

言い換えると、本当に自信があるかどうかではなく、**形から入る（ポーズを真似る）だけ**で、自信がある人のような存在感を身につけられるというわけです。

その後の調査により、パワーポーズの効果の一部は否定されましたが、「背筋を伸ばすと自信がつく」という実験結果はいくつかあります。また、自信がある人は自然と正しい姿勢になりやすいことから「自信がある人のような正しい姿勢をとるメリット」までが否定されたわけではありません。興味のある方は試してみてもいいのではないでしょうか。

本当に「やりきった」のかどうかが問題ではありません。「やりきった」と叫んだり、ポーズをとったりすることで、**物事をやりきる器を持つ人の存在感、強いメンタルが身につく**のです。

僕も、家に帰る前に仕事場の窓を開けて、自分なりのガッツポーズをとりながら、大声で「やりきった！」と叫びます。「やりきった！」と叫ぶことで、次への活力がみなぎってきます。

あなたもぜひ、苦情がこない程度に試してみてください。「やりきった」「クリアできた」「よく頑張った」といった、プラスの言葉を口グセにするだけで、人生は面白いほど変わっていきます。

本書の「意外な解決法」がどのくらいできているか、チェックしてみましょう。四角い枠（□）にすべてチェックマーク（✔）がついた頃、あなたの人生は一変しているはず！

- □ 21 スマホのアドレス帳は「定期的に整理」。
- □ 22 「年に数回しか会わない人」こそ大切にする。
- □ 23 「自分の失敗談」を用意しておく。
- □ 24 「相手からもらう」以上に、「相手にあげる」。
- □ 25 自分を「成長させてくれる人」とつき合う。
- □ 26 「朝10時」までに散歩する。
- □ 27 仕事も勉強も「手を動かす作業」からはじめる。
- □ 28 オンとオフでは「服を変える」。
- □ 29 「空腹時間」をなるべく増やす。
- □ 30 疲れたときは「体を大きく伸ばしてみる」。
- □ 31 「自己投資」のお金は惜しまない。
- □ 32 達成したい目標は「つねに公言する」。
- □ 33 「お金」以上に「自由」を大切にする。
- □ 34 「意志」でなく「習慣」を頼りにする。
- □ 35 ストレスは「避ける」より「向き合う」。
- □ 36 怒りは「同情」「優越感」に変えてみる。
- □ 37 「できた！」「やりきった！」を口癖にする。

チェックマークが１つ増えるたび、
毎日がどんどん好転していきますよ！

毎日、うまくいく人の意外なチェックリスト37

☐ 1 まずは「できる！」と決断する。

☐ 2 「絶対できること」からはじめる。

☐ 3 「自分の能力を活かす方法」を考えてみる。

☐ 4 ネガティブな考えは「ポジティブな言葉」で打ち消す。

☐ 5 定期的に、「いつ・どこで・何をしたか」見直す。

☐ 6 勝負どころでは、「直感を信じる」。

☐ 7 困ったときは、「人に助けを求める」。

☐ 8 自分の「失敗しやすい傾向」を知っている。

☐ 9 うまくいかない日も、「コツコツ前に進む」。

☐ 10 「負けたくない」でなく「勝ちたい」と思う。

☐ 11 １年間着ていない服は「捨てる」。

☐ 12 「人と比べること」をやめてみる。

☐ 13 大切なことは「朝考える」。

☐ 14 「自分の意見を持つ」を習慣にする。

☐ 15 今日やることを「５分の１に減らす」。

☐ 16 「今日の達成度」を自己採点する。

☐ 17 メールは「移動中に返す」。

☐ 18 「やることリスト」は必ず暗記する。

☐ 19 会話中に「相手の名前を３回言う」。

☐ 20 人は「間接的に褒める」。

毎日、うまくいく!

毎日《まいにち》、うまくいく人《ひと》の「意外《いがい》な解決法《かいけつほう》」

著　者――メンタリストDaiGo（めんたりすと・だいご）
発行者――押鐘太陽
発行所――株式会社三笠書房
〒102-0072 東京都千代田区飯田橋3-3-1
電話：(03)5226-5734（営業部）
：(03)5226-5731（編集部）
https://www.mikasashobo.co.jp
印　刷――誠宏印刷
製　本――若林製本工場

編集責任者　清水篤史
ISBN978-4-8379-2872-0 C0030